国家文化产业资金支持媒体融合重大项目

精编版

21世纪高等教育会计通用教材
省级精品课程配套教材

U0656820

基础会计学综合模拟实验

Jichu Kuaijixue Zonghe Moni Shiyan

（第三版）

李占国　主编
程海慧　李静　杨玲玲　副主编

东北财经大学出版社
Dongbei University of Finance & Economics Press
大连

图书在版编目（CIP）数据

基础会计学综合模拟实验：精编版 / 李占国主编. —3 版.—大连 ：东北财经大学出版社，2018.9（2019.2 重印）
（21 世纪高等教育会计通用教材）
ISBN 978-7-5654-3311-5

Ⅰ. 基… Ⅱ. 李… Ⅲ. 会计学-高等学校-教材 Ⅳ. F230

中国版本图书馆 CIP 数据核字（2018）第 193977 号

东北财经大学出版社出版
（大连市黑石礁尖山街 217 号 邮政编码 116025）
网 址：http：//www.dufep.cn
读者信箱：dufep@dufe.edu.cn
大连图腾彩色印刷有限公司印刷 东北财经大学出版社发行

幅面尺寸：205mm×285mm 字数：178 千字 印张：9 插页：2
2018 年 9 月第 3 版 2019 年 2 月第 4 次印刷

责任编辑：包利华 曲以欢 责任校对：京 玮
封面设计：冀贵收 版式设计：钟福建

定价：32.00 元

教学支持 售后服务 联系电话：（0411）84710309

如有印装质量问题，请联系营销部：（0411）84710711

第三版前言

法规、制度最新变化与内容调整

《基础会计学综合模拟实验（精编版）》自2015年6月出版以来，得到了广大师生的好评与厚爱。由于企业登记注册制度改革、税制改革以及会计制度的变化，教材的部分内容已不合时宜并对教学产生了一定的影响，因此，有必要对本书进行修订。本次修订除了秉承原来的特色、风格和主要内容以外，主要有以下几个方面变化：

第一，体现“五证合一、一照一码”的企业登记注册制度改革。按照“一照一码”的要求，将纳税人识别号由原来的15位更新为18位。

第二，体现“营改增”等税收法规的变化，紧跟会计实务发展。❶按照《营业税改征增值税试点实施办法》的规定，对原教材的部分内容进行了更正和修改，诸如“生活服务——餐饮住宿服务”的住宿费和餐饮费、“建筑安装服务”的安装费和修理费、“交通运输服务”的运输费、“文化创意服务——广告服务”的广告费的“营改增”等都有所体现。❷适应税收法规的变化，对从2018年5月1日起，增值税税率由原17%、11%改为16%、10%的变化，在本版进行了修订。❸体现会计制度的变化，将原“营业税金及附加”科目名称及其核算内容，改为“税金及附加”并将“四小税”纳入其中。❹根据《财政部关于修订印发2018年度一般企业财务报表格式的通知》（财会〔2018〕15号）的规定，在本教材第三版中对会计报表的格式也进行了修订。

第三，减少会计交易或事项数量，降低账务处理难度。针对部分指导教师反映原教材会计交易或事项数量多、账务处理难度高、教学课时不够的现实，本次修订删除了部分重复较多的会计交易或事项，删除了基础会计学教学非必需的会计交易或事项，诸如固定资产清理、资产减值损失（计提坏账准备）等，会计交易或事项的数量由原来的89笔减少为现在的71笔。

第四，增加和修改了部分内容，更加有利于教与学。❶配套《会计学基础》（李占国主编，东北财经大学出版社，2016年7月第一版），增加了企业所得税分期（按季或按月）预缴纳税申报的基本内容，并对原来所编制的月度利润表，增加了填列“本年累计金额”等内容，更加有利于对净利润的计算与分配的讲授。❷将会计实务中的原始凭证以文字的形式予以表述，实现了理论教学文字叙述会计交易或事项与实践教学原始凭证表现会计交易或事项的无缝对接，有助于学生对原始凭证的理解和学习。

第五，扫描二维码，学习更方便。引入现代二维码技术，将会计交易或事项的账务处理提示与要求，以二维码的形式列示于每笔会计交易或事项第一张原始凭证的旁边，通过手机扫描二维码，既方便学生自主学习，又减少了教师的指导工作量，并节约了大量篇幅，充分体现了数字化信息技术带来的便利。

第六，参考答案完整齐全，有利于指导教师的指导。本教材提供了完整的参考答案，包括自制原始凭证的填制、所有记账凭证的填制、科目汇总表的编制、明细账登记、总账登记、会计报表编制。任课教师可向东北财经大学出版社索取，也可向作者直接索取。

本次修订由李占国教授负责组织并最后总纂定稿，上海思博职业技术学院沐红英、刘飞、张思嘉、程海慧、李静、杨玲玲共同执笔。在本教材每次修订和重印过程中，无论是体系的调整还是内容的更新，我们都充分听取了上海思博职业技术学院和有关院校基础会计实践教学任课教师的意见与建议，这无疑也是本教材影响力与日俱增的缘由之一。值此本教材第三次付梓之际，向多年来对本教材的修订、完善不吝赐教的各位同仁致以诚挚的谢意！

本教材对应用型高等学校的会计学专业、财务管理专业、审计学专业及其他相关专业的基础会计学实训，更具针对性和实用性。同时，也适用于高等职业教育院校的基础会计学实训。

参考答案索取联系方式如下：

电话：0411-84711800

邮箱：dufep6@163.com

任课教师也可通过QQ扫描右侧二维码进入讨论群下载答案。会计实训教学交流群

作　者

2018年8月

第一版前言

在我国产业转型升级和高等教育大众化甚至普及化的今天，**“为进入应用科学和现代技术领域的学习者提供学术和就业准备的教育”**（《不列颠百科全书》）的应用型人才的培养，已成为普通高等教育的主流。因此，为会计学、财务管理、审计等经济管理类专业编写一本适合其生源的基本素质、符合会计工作基本流程和岗位设置分工的实际情况，并高度仿真的《基础会计学综合模拟实验（精编版）》教材，使学生更好地掌握基础会计学的基本理论、基本方法和基本技能，提高学生对实际会计工作的感性认识和动手能力，达到**“有效教学”**之目的，是我多年的心愿和本实验教材编写的出发点及最终归宿。

本书是**上海市级精品课程“会计学原理与实务”**的配套实验教材，依据2014年财政部印发的修订后的《企业会计准则第9号——职工薪酬》《企业会计准则第30号——财务报表列报》以及财政部、国家税务总局印发的一系列**“营改增”政策**等相关会计准则和税收法规，以掌握会计核算基本流程和培养基本技能为重点，以一个小型制造业企业的生产和销售为模拟对象，搜集、整理模拟原型企业的经营活动，从中筛选出不同种类和较为典型的会计交易或事项，按照会计工作流程，进行系统的综合组织编写。通过本书的学习，学生可以快速、全面地将基础会计学的基本知识活学活用并融会贯通：❶增强感性认识，包括：**认识“账为何物”、明确“账从何来”、清楚“账有何用”；**❷从整体上把握各种核算方法之间的联系，达到进一步提高学生的会计综合职业能力之目的；❸培养学生对会计工作的“三心”（耐心、细心、责任心）并强化其会计的“专业意识”；❹为“财务会计学”等后续专业课程的顺利学习和将来从事会计工作奠定坚实的基础。

《基础会计学综合模拟实验》（李占国编著）自2014年9月由东北财经大学出版社出版以来，一直以印刷质量好、版面清晰、凭证规范、业务全面、实验材料齐全（免去外购之烦）、操作方便、答案准确而为广大师生使用并赞许，取得了显著的教学效果，具有广泛的影响力。

由于部分院校反映他们已统一购置有实验凭证、账簿等资料，为避免重复提供，本书将其附录部分的空白凭证、账簿等实验操作用材料删去，代之以“会计模拟实验应准备的物品清单”，同时增加了：❶“会计记账数字的书写要求”；❷“传票销号单及其使用方法”；❸“教学方案与课时安排建议”。为更具实践性和仿真性，又增加了仿真度极高的：❶企业法人营业执照；❷税务登记证（副本）；❸组织机构代码证；❹装订好的账本及会计凭证（本）的扫描图片；❺预留银行印鉴卡等。在此基础上编写了这本**《基础会计学综合模拟实验（精编版）》**。各院校可根据本校的实际情况选用。

本书在编写过程中，融合了作者多年从事会计模拟实验教学的体会和编写实验教材的丰富经验，在以下几个方面进行了有益的尝试：

(1) 内容时效性。按照最新会计准则和税收法规组织教材编写内容，尤其是“营改增”税收法规制度的改革在本实验教材的内容中都有所体现，有利于学生及时掌握最新的会计工作要求，为毕业后实际工作的开展打下良好基础。

(2) 项目完整性。实验项目涵盖了建账、日常会计事项处理、费用归集分配、成本计算、期末会计事项处理、会计报表编制和会计档案管理，有助于学生全面了解会计工作的流程，有效掌握会计核算的具体方法。

(3) 格式仿真性。❶本教材的原始凭证都直接来源于实际工作单位并套红印刷；❷所给出的企业法人营业执照和税务登记证（副本）、扉页、组织机构代码证、预留银行印鉴卡等与实际工作中完全相同，有效减少二次学习。

(4) 操作方便性。本书采用原始凭证单面印刷和沿书脊钢模压线（孔），便于实验操作时整齐撕裁和装订。同时，提供了凭证、账簿及其封面参考格式，以及实验所需准备物品清单、传票销号单等。

(5) 篇幅节约性。为在有限的篇幅内增大信息量，将会计交易或事项的“文字说明及账务处理提示”印刷在对应原始凭证的背面，既便于学生对原始凭证的理解与核对，又节约了篇幅。

(6) 资源丰富性。为方便教师授课，扩大学生的学习空间和延展学生的学习时间，本书还配有课程网站（网址：http://ppa.sdjues.com），同时，提供了两种形式的参考答案：❶按照实际工作中使用的凭证、账表格式所做的并以电子文档形式提供的完整答案；❷按照实际工作中使用的凭证、账表格式所做的手工书写的并以电子文档（扫描）提供的完整答案。任课教师也可登录东北财经大学出版社网站（www.dufep.cn）免费下载。

在本书编写过程中，王淑庆、荀聪聪和注册会计师张丞斌提供了大量的原始材料并参与了部分初稿的编写工作，靳磊副教授和陈瑛副教授提出了很多修改建议和意见，王子军、梁萌、周萍进行了资料和参考答案的初步整理工作，在此一并表示衷心的感谢！教材编写是一项非常具体和细致的工作，尤其是会计模拟实验教材涉及大量的、前后连贯并具有勾稽关系的数据，其中的艰辛和工作量之大是可想而知的。尽管我付出了极大努力，但书中难免仍有不妥之处，恳请读者批评指正。

李占国

2015年6月

目　　录

第一章 绪 论

一、基础会计学综合模拟实验的意义

基础会计学综合模拟实验，是高等院校会计专业学生职业能力培养的一门技能训练课程，既是基础会计理论教学的必要补充，又是后续专业课程理论教学及模拟实验的基础。学生在学完基础会计学课程后，应进行一次较为完整、系统的会计核算的实际操作。

作为会计职业能力培养的一门专项技能实操课程，本书整合了制造业企业典型的会计交易或事项，按照会计核算程序，从建账开始，经过填制和审核原始凭证及记账凭证、登记明细账和总账，最后编制会计报表，完成一个会计循环。通过模拟实验：❶完整地掌握《基础会计学》教材各章节之间的联系，加深对会计循环的理解；❷掌握会计操作的基本技能，锻炼学生的实际工作能力；❸培养学生良好的工作作风和职业素养。

二、基础会计学综合模拟实验的内容

以反映企业会计工作的全过程为框架，按照会计核算的流程和环节，设计若干个对会计交易或事项进行账务处理的实操项目，包括：

（1）熟悉会计工作环境。其包括：了解企业基本情况、企业内部会计制度、会计工作组织方式。

（2）掌握会计工作岗位流程。将会计岗位分为出纳、制单会计、记账会计、会计主管及审核等岗位，明确责任、分工协作，以仿真的会计交易或事项为原始载体，按照会计工作流程，完成从初始建账、填制和审核原始凭证、编制记账凭证、登记账簿、成本计算、财产清查，直至编制会计报表的全部会计工作。

（3）训练会计操作技能。❶以手工会计操作为手段，通过处理货币资金、采购与付款、销售与收款、存货、工资、固定资产、筹资与投资等会计交易或事项，训练常规会计交易或事项的处理能力；❷通过编制会计报表，训练会计报表的编制能力；❸通过会计凭证的整理与装订，训练会计档案的归档与保管能力。

三、模拟实验企业概况

（1）企业营业执照：通过营业执照了解企业以下信息：企业名称、企业类型、注册地址、法定代表人、注册资本、成立日期、营业期限、经营范围、统一社会信用代码等内容。光明市永春机械公司领取的营业执照（五证合一、一照一码）如图1-1所示。

（2）各股东出资比例及主要产品：❶人民币肆仟贰佰万元整，其中：港城投资公司、海虹机械公司、虹桥房产集团，分别占40%、40%和20%；❷主要生产AH-15型车床（简称A产品）、BH-16型车床（简称B产品）。

（3）预留银行印鉴卡片：开户银行对企业签发票据所盖印鉴进行比对的依据，包括有关负责人名章和财务专用章等，如图1-2所示。

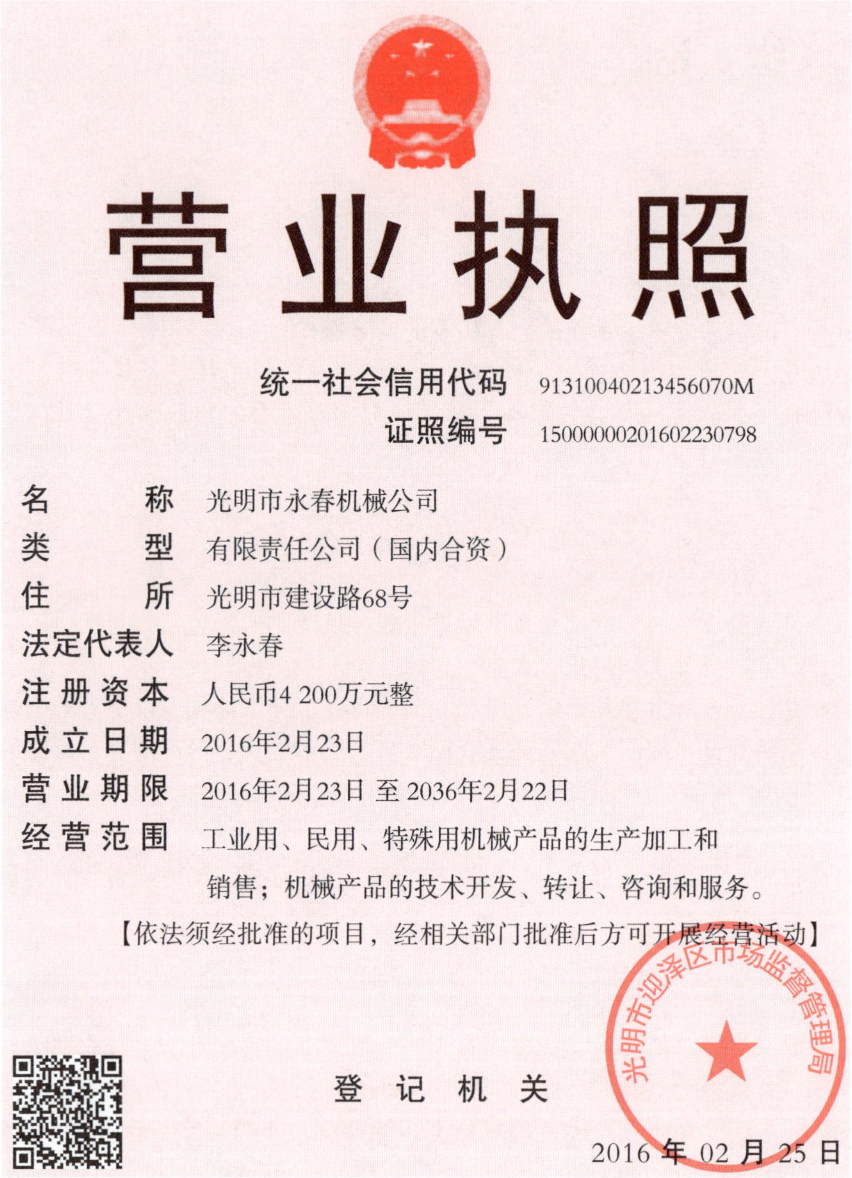

营业执照

统一社会信用代码　91310040213456070M

证照编号　150000002016022307098

名　　称　光明市永春机械公司

类　　型　有限责任公司（国内合资）

住　　所　光明市建设路68号

法定代表人　李永春

注册资本　人民币4 200万元整

成立日期　2016年2月23日

营业期限　2016年2月23日 至 2036年2月22日

经营范围　工业用、民用、特殊用机械产品的生产加工和销售；机械产品的技术开发、转让、咨询和服务。

【依法须经批准的项目，经相关部门批准后方可开展经营活动】

登　记　机　关

光明市迎泽区市场监督管理局

2016 年 02 月 25 日

图 1-1　营业执照

中国工商银行光明市支行印鉴卡

账号	230045006	账户性质	基本存款账户

光明市永春机械公司 财务专用章

李永春印

钱一凡印

启用：2016 年 2 月 23 日

注销：　年　月　日

地址：光明市建设路68号

电话：98706543

经办人：钱一凡

复核人：冯海霞

备注：

图 1-2　预留银行印鉴卡片

四、模拟实验企业会计核算制度

（一）会计核算形式及凭证账簿组织

（1）**会计核算形式。**模拟实验企业采用科目汇总表账务处理程序，每旬编制一张科目汇总表并根据科目汇总表登记一次总账，明细账根据原始凭证和记账凭证逐笔登记。

（2）**记账凭证种类。**模拟实验企业使用复式记账凭证，分收款凭证、付款凭证和转账凭证三种类型。记账凭证按月、按类别连续编号。

（3）**开设账簿及格式。**模拟实验企业开设库存现金日记账、银行存款日记账、总账、明细账。总账和日记账均采用三栏式，明细账根据需要分别选用甲式、乙式和多栏式。

（二）存货核算制度与方法

（1）**原材料、库存商品明细核算。**❶原材料、库存商品明细核算采用账卡合一方式，即在仓库设置一套原材料明细账和库存商品明细账；❷平时由仓库保管员根据收料单（简称“收”字）、领料单（简称“领”字）、产品入库单（简称“入”字）、产品出库单（简称“出”字）的仓库联登记收发数量；❸记账会计每月月末核对收发数量并进行计价。

（2）**原材料、库存商品收发的计价。**原材料、库存商品的收发均按实际成本计价。❶发出单价按月末一次加权平均法计算；❷月末一次加权平均单价尾差计入结存金额。

（3）**“原材料”明细账的登记方法。**❶“原材料”明细账的“收入”栏，根据“收料单”（仓库联）登记数量、单价和金额（本实验教材为节省篇幅只给出财务联，故财务联替代仓库联，一联两用）；❷“原材料”明细账的“发出”栏，平时根据“领料单”登记其数量，并将“领料单”妥善保管；❸月末由材料会计根据各材料明细账月初结存数量和金额、本月收入数量和金额，按“月末一次加权平均法”计算发出材料的单价，该单价乘以本月领用数量合计，得出并登记发出材料的金额；❹月末根据“领料单”分品种、用途或部门汇总其领用数量，再乘以加权平均单价，编制“发料凭证汇总表”。

（4）**“库存商品”明细账的登记方法。**❶“库存商品”明细账的“收入”栏，平时根据“产品入库单”（财务联替代仓库存查联）登记其收入数量，并将其妥善保管；❷月末根据“库存商品”明细账中结出的入库数量及“生产成本明细账”中的总成本和单位成本，编制“完工产品成本计算汇总表”（产品入库单作为该汇总表的附件）；❸根据该汇总表登记“生产成本”明细账月末的本月合计行、“收入”栏（或借方栏）的单价和金额；❹“库存商品”明细账的“发出”栏，平时根据“产品出库单”登记其发出数量；❺月末根据各库存商品明细账月初结存数量和金额、本月收入数量和金额，按“月末一次加权平均法”计算发出产品的单价，根据该单价及其乘以发出数量合计，登记“库存商品”明细账的“发出”栏的单价和金额；❻根据“库存商品”明细账的“发出”栏，编制“主营业务成本计算表”。

（三）固定资产的核算

（1）**固定资产的分类。**固定资产分为“机器设备类”和“房屋建筑类”两大类，并按其设置二级明细账。

（2）**固定资产折旧方法与折旧率。**固定资产采用平均年限法分类计提折旧。其中，车间生产设备的月折旧率为0.8%，车间房屋的月折旧率为0.4%，管理用设备的月折旧率为0.6%，管理用房屋的月折旧率为0.2%。

（3）**固定资产修理费用。**按现行会计准则的规定，应予以费用化的固定资产的修理费用一律计入管理费用。

（四）费用与成本

（1）职工福利费用。❶按工资总额的14%计提并按其用途记入有关成本费用账户（也可以不计提，但其使用应控制在工资总额的14%以内）；❷年末如未用完应冲销管理费用。

（2）费用分类与成本计算方法。❶费用按照经济用途进行分类，其中：直接材料、直接人工和制造费用计入产品成本，其余计入期间费用；❷采用“品种法”（简单法）计算产品成本；❸月末在产品成本计算采用定额法，为简化核算，直接给出月末在产品成本；❹制造费用按生产工人工资比例进行分配。

（五）增值税及税费附加

（1）增值税。公司销售各种产品应缴纳增值税，增值税税率为16%，增值税按期缴纳（每15日缴纳一次），次月10日以前缴清。

（2）城市维护建设税及教育费附加。分别按照应纳增值税的7%和3%计算并按月缴纳，次月10日以前缴清。

（3）“四小税”。企业应纳的房产税、城镇土地使用税、车船税、印花税，统称为“四小税”。本实验教材不涉及城镇土地使用税和车船税。按规定，房产税实行“按年计算、分期缴纳”的征收方法。本企业应按季并在季末月份实际缴纳。

（六）企业所得税计算与缴纳

企业所得税的计税依据为应纳税所得额，本书假定会计所得额（利润总额）等于应纳税所得额（不需进行任何调整），所得税税率为25%，企业所得税“按年计算、按月据实预缴、年终汇算清缴”。

（七）损益类账户采用“账结法”

每月月末将各损益类账户（包括“所得税费用”账户）转入“本年利润”账户。“本年利润”账户各月月末余额，即为截至各月月末实现的净利润总额（已扣除预计所得税费用）。

（八）利润分配

（1）法定盈余公积。按照当期税后利润的10%计提法定盈余公积。

（2）向投资者分红。根据董事会决定的分配额和投资比例进行利润分配。

五、模拟实验企业会计核算岗位设置及其职责

（一）会计主管（兼审核与制单）的岗位职责

❶审核原始凭证并根据原始凭证编制记账凭证，同时在记账凭证的“制单”处签名或盖章；❷根据业务顺序将原始凭证按照裁剪线进行撕裁并粘贴在记账凭证的后面（注意粘贴时原始凭证应与记账凭证左对齐、上对齐）；❸当每一旬的会计交易或事项填制完记账凭证后，应对本旬会计交易或事项所填制的记账凭证进行汇总并编制“科目汇总表”。

（二）记账会计（登记总账和部分明细账）的岗位职责

❶根据记账凭证登记有关明细账；❷根据原材料“领料单”登记“原材料明细账”的“发出”栏（数量）并结出结存数量；❸完成登账工作后，在记账凭证的“√”栏内注明过账符号，并在记账凭证的“记账”处签章；❹根据“科目汇总表”登记总账，并在总账栏打勾。

（三）出纳（兼记部分明细账）的岗位职责

❶根据记账凭证（收款凭证、付款凭证）登记库存现金日记账和银行存款日记账；❷根据原始凭证中的“产品入库单”和“产品出库单”登记“库存商品明细账”的“收入”栏（数量）和“发出”栏（数量）并结出“结存”栏（数量）；❸完成登账工作后，在记账凭证的“√”栏内注明过账符号，并在记账凭证的“出纳”处签名或盖章。**需要特别注意的是：出纳人员不得兼任稽核、会计档案保管和收入、支出、费用、债权债务账目的登记工作。**

六、基础会计学综合模拟实验的要求与考评

（一）实验要求

（1）掌握国家有关财经法律法规和企业会计制度，掌握各项费用的开支范围、标准及规定，加强学生政策法制观念。

（2）运用规范仿真的原始凭证及真实的记账凭证、会计账簿和会计报表，严格按照现行企业会计准则的要求进行操作。

（3）实验过程中遇到课堂理论教学中没有学到的新知识，要求学生自己查阅资料，培养独立分析问题和解决问题的能力。

（4）实验结束后，将原始凭证、记账凭证、会计账簿、会计报表进行装订，作为考核的依据。

（5）实验结束后，每一名学生提交一份实验报告，主要包括以下几个方面：❶实验内容；❷实验过程；❸实验结果；❹实验中存在的问题及解决的方法；❺实验体会及合理化建议。

（二）实验考评

实验考评包括实验过程和实验结果考评，分别占总成绩的40%与60%。实验过程考评以实验小组的考评为主，实验结果考评以学生提交的实验成果为依据，其评分标准分别为：原始凭证的填制和审核占30%、记账凭证的填制与审核占30%、账簿登记和会计报表编制占20%、会计档案装订占10%、实验报告撰写占10%。

七、教学方案与课时安排建议

（1）作为一门独立的实践性课程，进行集中实验。建议❶：安排在“基础会计学”课程理论教学完成后本学期的1~2周完成。建议❷：安排在“基础会计学”课程理论教学完成后下一学期的1~2周完成。

（2）作为“基础会计学”课程的组成部分，分散在课内完成。❶如果“基础会计学”课程安排64学时（每周4学时），建议40学时完成理论教学，24学时完成实验教学（4学时连续进行）；❷如果“基础会计学”课程安排96学时（每周6学时），建议60学时完成理论教学，36学时完成实验教学（6学时连续进行）。

第二章 会计模拟实验初始建账、建账准备及凭证装订

一、建账流程

在有关总分类账、明细分类账及日记账中，按照以下流程进行建账：

第一步：预备账页，装置成册。包括：❶准备各种账簿（订本式）；❷预备有关账页（活页式、卡片式）；❸使用账夹装置成册。

第二步：填写“账簿启用表”。包括：❶在“账簿启用表”上填写单位名称、账簿名称、册数、编号、起止页数、启用日期、记账人员和会计主管人员姓名等；❷会计人员变动时，应注明交接日期、交接人员及监交人员姓名，并由交接双方签名或盖章，以明确责任。

第三步：建立账户。包括：❶建立总账账户；❷建立二、三级明细账户；❸结转上期账户余额。

第四步：顺序编号。包括：❶将账簿按顺序编号；❷编制账户目录（科目索引）；❸贴上账户索引纸（俗称“口取纸”）。

二、建账方法

1.库存现金日记账、银行存款日记账的建账方法

根据表2-1所给的期初余额，登记“库存现金日记账”和“银行存款日记账”的期初余额。库存现金日记账、银行存款日记账的建账方法如图2-1所示。

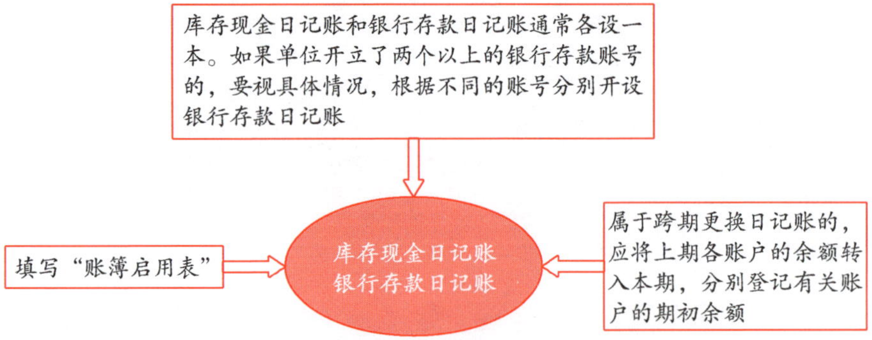

图2-1 库存现金日记账、银行存款日记账的建账方法

2. 明细账的建账方法

❶根据表2-1所给的各明细账期初余额，按照明细账的目录顺序依次登记甲式账、多栏式明细账和乙式账的期初余额；❷特别注意顺序，因为所给明细账的种类、格式、专栏多少、需要登记的内容（行数）多少不同。明细账的建账方法如图2-2所示。

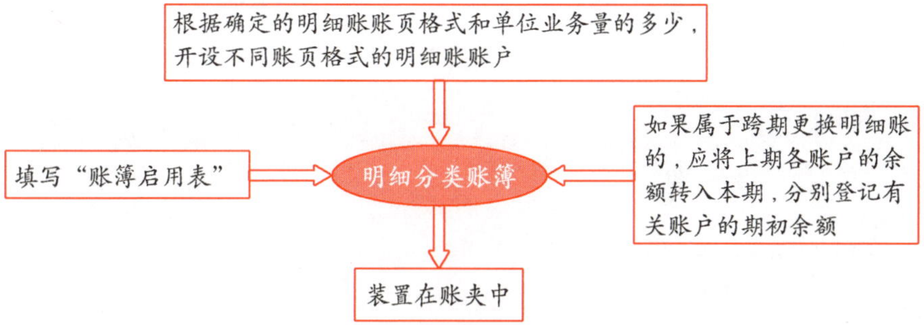

图2-2　明细账的建账方法

3. 总账的建账方法

根据表2-1所给的各总账期初余额，按照总账的目录顺序依次登记各有关总账的期初余额。总账的建账方法如图2-3所示。

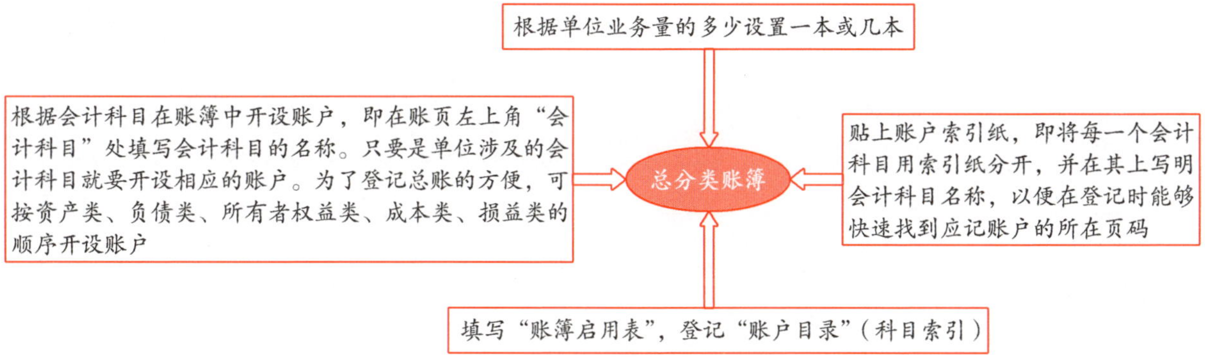

图2-3　总账的建账方法

三、建账数据与所需账簿（页）格式及数量

根据不同的会计交易或事项，结合会计核算与财务管理的要求，选用不同的账页格式。光明市永春机械公司2×18年12月的库存现金日记账、银行存款日记账、总分类账、明细分类账的月初余额及所需账簿（页）格式、数量见表2-1至表2-4；损益类账户1—11月份累计发生额见表2-5。

表2-1

光明市永春机械公司有关总账及明细账月初余额表

序号	会计科目		12月月初余额（元）				所需账簿（页）	
	总账科目	明细科目	借方		贷方		格式	数量（张）
			总账金额	明细账金额	总账金额	明细账金额		
1	库存现金		2 000				三栏式账	2
		库存现金日记账		2 000			专用三栏式账	2
2	银行存款		9 797 400				三栏式账	2
		银行存款日记账		9 797 400			专用三栏式账	4
3	应收票据		2 640 000				三栏式账	2
		明远公司		2 640 000			甲式账（三栏式）	2
4	应收账款		2 848 500				三栏式账	2
		金花公司		2 600 000			甲式账（三栏式）	2
		宏图公司		248 500			甲式账（三栏式）	2
5	预付账款		923 000				三栏式账	2
		远程公司		928 000			甲式账（三栏式）	2
		希望公司				5 000	甲式账（三栏式）	2
6	其他应收款		5 500				三栏式账	2
		鲍巩英		5 500			甲式账（三栏式）	2
7	在途物资		88 000				三栏式账	2
		望海公司		88 000			甲式账（三栏式）	2
8	原材料		809 000				三栏式账	2
		甲材料		275 000	详细资料见表2-2		乙式账（数量金额式）	6
		乙材料		278 000				
		丙材料		256 000				

续表

序号	会计科目		12月月初余额（元）				所需账簿（页）	
	总账科目	明细科目	借方		贷方		格式	数量（张）
			总账金额	明细账金额	总账金额	明细账金额		
9	库存商品		1 442 000				三栏式账	2
		A产品		1 104 000	详细资料见表2-3		乙式账（数量金额式）	4
		B产品		338 000				
10	固定资产		49 000 000				三栏式账	2
		机器设备类		27 000 000			甲式账（三栏式）	2
		房屋建筑类		22 000 000			甲式账（三栏式）	2
11	累计折旧				8 571 503	8 571 503	三栏式账	2
12	在建工程		300 000				三栏式账	2
		配电室工程		200 000			甲式账（三栏式）	2
		2号生产线		100 000			甲式账（三栏式）	1
13	无形资产		900 000				三栏式账	4
		专利技术		900 000			甲式账（三栏式）	2
		管理软件					甲式账（三栏式）	2
14	累计摊销				360 000	360 000	三栏式账	2
15	生产成本		183 700				三栏式账	2
		A产品		122 500	账内再按照成本项目设置若干专栏，具体资料见表2-4		专用借方多栏式	4
		B产品		61 200				

续表

序号	会计科目		12月月初余额（元）				所需账簿（页）	
	总账科目	明细科目	借　方		贷　方		格　式	数　量（张）
			总账金额	明细账金额	总账金额	明细账金额		
16	制造费用						三栏式账	2
		制造费用	账内按照费用项目“办公费”“水电费”“材料费”“工薪费用”“折旧费”设置5个专栏				通用借方多栏式	2
17	短期借款				3 500 000		三栏式账	2
		工行光支				3 500 000	甲式账（三栏式）	2
18	应付票据				640 000		三栏式账	2
		秋林公司				640 000	甲式账（三栏式）	2
19	应付账款				224 597		三栏式账	2
		鸿运公司				190 000	甲式账（三栏式）	2
		清流公司		21 000			甲式账（三栏式）	2
		华远钢铁厂				55 597	甲式账（三栏式）	2
20	预收账款				1 530 800		三栏式账	2
		通宝公司				1 600 800	甲式账（三栏式）	2
		新强公司		70 000			甲式账（三栏式）	2
21	应交税费				760 000		三栏式账	2
		应交增值税	账内再按规定的项目，分借方和贷方设置若干个专栏				专用借贷方多栏式	4
		未交增值税				300 000	甲式账（三栏式）	2
		应交城建税				42 000	甲式账（三栏式）	2

续表

序号	会计科目		12月月初余额（元）				所需账簿（页）	
	总账科目	明细科目	借方		贷方		格式	数量（张）
			总账金额	明细账金额	总账金额	明细账金额		
21	应交税费	应交教育费附加				18 000	甲式账（三栏式）	2
		应交所得税				400 000	甲式账（三栏式）	2
		应交房产税					甲式账（三栏式）	2
22	应付职工薪酬				967 200		三栏式账	2
		工资				980 000	甲式账（三栏式）	2
		职工福利		12 800			甲式账（三栏式）	2
23	应付利息				45 200		三栏式账	2
		工行光支				45 200	甲式账（三栏式）	2
24	应付股利						三栏式账	2
		港城投资公司					甲式账（三栏式）	2
		海虹机械公司					甲式账（三栏式）	2
		虹桥房产集团					甲式账（三栏式）	2
25	其他应付款				600		三栏式账	2
		供水公司				100	甲式账（三栏式）	2
		供电公司				500	甲式账（三栏式）	2
26	实收资本				42 000 000		三栏式账	2
		港城投资公司				16 800 000	甲式账（三栏式）	2
		海虹机械公司				16 800 000	甲式账（三栏式）	2
		虹桥房产集团				8 400 000	甲式账（三栏式）	2

续表

序号	会计科目		12月月初余额（元）				所需账簿（页）	
	总账科目	明细科目	借方 总账金额	借方 明细账金额	贷方 总账金额	贷方 明细账金额	格式	数量（张）
27	资本公积				511 600		三栏式账	2
		资本溢价				511 600	三栏式账	2
28	盈余公积				2 202 600		三栏式账	2
		法定盈余公积				2 202 600	甲式账（三栏式）	2
29	利润分配				590 000		三栏式账	2
		提取法定盈余公积					甲式账（三栏式）	2
		应付股利					甲式账（三栏式）	2
		未分配利润				590 000	甲式账（三栏式）	2
30	本年利润				7 035 000		三栏式账	2
		本年利润				7 035 000	甲式账（三栏式）	2
31	主营业务收入						三栏式账	2
		主营业务收入	账内按照“A产品”和“B产品”设置2个专栏				通用贷方多栏式	2
32	营业外收入						三栏式账	2
		营业外收入	账内按收入项目设置若干个专栏				通用贷方多栏式	2
33	营业外支出						三栏式账	2
		营业外支出	账内按支出项目设置若干个专栏				通用借方多栏式	2
34	主营业务成本						三栏式账	2
		主营业务成本	账内按照“A产品”和“B产品”设置2个专栏				通用借方多栏式	2
35	税金及附加						三栏式账	2
		税金及附加	账内按照税金及附加名称设置若干个专栏				通用借方多栏式	2

续表

序号	会计科目		12月月初余额（元）				所需账簿（页）	
	总账科目	明细科目	借方		贷方		格式	数量（张）
			总账金额	明细账金额	总账金额	明细账金额		
36	销售费用						三栏式账	2
		销售费用	账内按费用项目设置若干个专栏				通用借方多栏式	2
37	管理费用						三栏式账	2
		管理费用	账内按费用项目设置若干个专栏				通用借方多栏式	2
38	财务费用						三栏式账	2
		财务费用	账内按费用项目设置若干个专栏				通用借方多栏式	2
39	所得税费用						三栏式账	2
合计			68 939 100	69 047 900	68 939 100	69 047 900		

表2-2

原材料明细账月初余额资料

金额单位：元

材料名称	12月月初余额				所需账簿（页）	
	计量单位	数量	单位成本	金额	格式	数量（张）
甲材料	千克	3 000	91.67	275 000	乙式账（数量金额式）	2
乙材料	千克	4 000	69.5	278 000	乙式账（数量金额式）	2
丙材料	千克	3 000	85.33	256 000	乙式账（数量金额式）	2
合计				809 000		

表2-3

库存商品明细账月初余额资料

金额单位：元

材料名称	12月月初余额				所需账簿（页）	
	计量单位	数量	单位成本	金额	格式	数量（张）
A产品	台	400	2 760	1 104 000	乙式账（数量金额式）	2
B产品	台	200	1 690	338 000	乙式账（数量金额式）	2
合计				1 442 000		

表2-4 **生产成本明细账月初余额资料** 金额单位：元

成本计算对象	计量单位	数量	成本项目				所需账簿（页）	
			直接材料	直接人工	制造费用	在产品成本合计	格式	数量（张）
A产品	台	70	84 000	21 000	17 500	122 500	专用借方多栏式账	2
B产品	台	68	34 000	17 000	10 200	61 200	专用借方多栏式账	2
合计			118 000	38 000	27 700	183 700		

表2-5 **损益类账户1—11月份累计发生额汇总表** 单位：元

账户名称	累计发生额	账户名称	累计发生额
主营业务收入	44 320 000（贷方）	管理费用	5 871 600（借方）
营业外收入	380 000（贷方）	财务费用	219 900（借方）
主营业务成本	21 466 000（借方）	营业外支出	2 143 100（借方）
税金及附加	424 000（借方）	所得税费用	2 345 000（借方）
销售费用	5 195 400（借方）	注：财务费用中，包括利息费用237 700元，利息收入21 000元	

四、建账所需凭证、账簿、封面的参考格式

本会计模拟实验实际操作用的有关记账凭证、会计账簿及其封面的参考格式如下：

（一）记账凭证封面及记账凭证的参考格式

1.记账凭证封面的格式及填制方法

记账凭证装订完毕后应填写封面，本实训教材应分1—15日、16—31日和期末会计事项装订3本记账凭证。以下以第1本记账凭证（收款凭证1—10号、附件20张，付款凭证1—15号、附件28张，转账凭证1—18号、附件31张）为例填写记账凭证的封面：❶册序编号，凭证封面右上角应填写凭证的册序，应填写“第一册”和“共三册”。❷日期，自2×18年12月1日至2×18年12月15日。❸“凭证名称”栏，应分别填写该本记账凭证的种类，如收款凭证、付款凭证和转账凭证。❹“凭证起迄号码”栏，填写该类记账凭证的起讫编号，如收款凭证填写自收1至收10；“凭证张数”栏，填写该类记账凭证的张数，如对应的收款凭证应填写10；“附件张数”栏，应将该类记账凭证右上角的“附件张数”相加，如对应

的收款凭证应填写20；财会主管：钱一凡，装订：学生自己的名字（如“高桂格”）；根据实际情况填写“会计档案”栏“全宗号”“目录号”“案卷号”“保管年限”等。装订完毕并存档保管的记账凭证如图2-4所示。

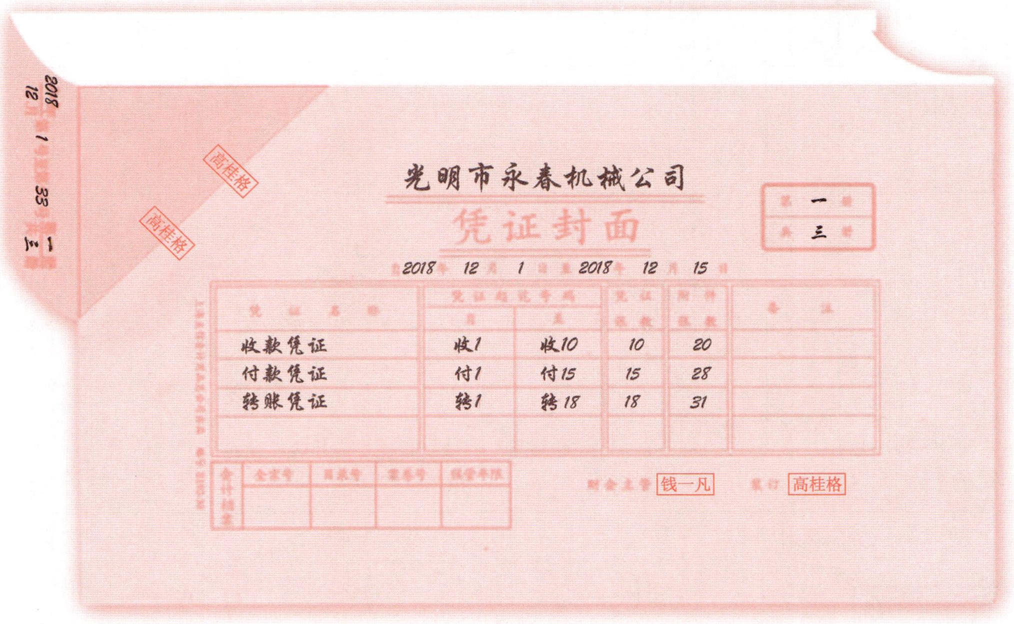

图2-4 记账凭证封面图

2. 空白记账凭证的参考格式

本实验教材的记账凭证采用收、付、转3种格式，空白记账凭证的参考格式见表2-6至表2-8。

表2-6

总 号	
分 号	

收 款 凭 证

借方科目 ＿＿＿＿＿＿　　年　月　日　　附件　　张

摘 要	应贷科目		过账	金额										
	一级科目	二级明细科目		亿	千	百	十	万	千	百	十	元	角	分
合 计														

财会主管　　记账　　出纳　　复核　　制单

注：会计实际工作中，收款凭证的颜色一般为红色。

表 2-7

总号	
分号	

付 款 凭 证

贷方科目 ………………　　年　月　日　　附件　　张

摘要	应借科目		过账	金额										
	一级科目	二级明细科目		亿	千	百	十	万	千	百	十	元	角	分
合计														

财会主管　　记账　　出纳　　复核　　制单　　领款人签章

注：会计实际工作中，付款凭证的颜色一般为蓝色。

表 2-8

总号	
分号	

转 账 凭 证

年　月　日　　附件　　张

摘要	一级科目	二级明细科目	过账	借方金额										贷方金额									
				千	百	十	万	千	百	十	元	角	分	千	百	十	万	千	百	十	元	角	分
合计																							

财会主管　　复核　　记账　　制单

注：会计实际工作中，转账凭证的颜色一般为绿色。

（二）明细分类账簿封面及其账页的参考格式

本实验教材所涉及的明细分类账账页：❶结算类、资本类、利润类明细账采用三栏式（甲式）；❷存货类明细账采用数量金额式（乙式）；❸成本费用类明细账采用借方多栏式（包括专用格式、通用格式）；❹收入类明细账采用贷方多栏式（包括专用格式、通用格式）。**特别提示：将三栏式明细账单独装订成1本，将数量金额式明细账和多栏式明细账合并装订成1本。**装订好的明细分类账如图2-5所示；各类明细账的账页格式见表2-9至表2-14。

图2-5　明细分类账封面图

表2-9

明细账

级科目编号及名称 总第 页 分第 页

年		凭证		摘要	对方科目	借方金额									贷方金额									借或贷	余额									√
月	日	种类	号数			百	十	万	千	百	十	元	角	分	百	十	万	千	百	十	元	角	分		百	十	万	千	百	十	元	角	分	

表2-10

原材料　　　明细账

总第…………页　分第…………页

存储地点…………………… 最高存量………… 最低存量………… 计量单位………… 货名……………

年		凭证		摘要	收入（借方）			发出（贷方）			结存		
							金额			金额			金额
月	日	种类	号数		数量	单价	千百十万千百十元角分	数量	单价	千百十万千百十元角分	数量	单价	千百十万千百十元角分

表2-11

…………级科目编号及名称……………………

制造费用　　　明细账

总第…………页　分第…………页

年		凭证号数	摘要	借方发生额	（借）方金额分析								
					工薪费用	修理费用	折旧费用	物料消耗	水电费用	劳保费用	办公费用	其他费用	
月	日			百十万千百十元角分	百十万千百十元角分	百十万千百十元角分	百十万千百十元角分	百十万千百十元角分	百十万千百十元角分	百十万千百十元角分	百十万千百十元角分	百十万千百十元角分	百十万千百十元角分

表2-12

科目名称……………总页次…………分页次…………

生产成本　　　明细账

投产日期…………　计划日期…………

生产批号……………………　完工日期…………　实际工时…………

生产车间…………………… 产品名称………… 数量………… 产品规格…………　完成产量…………

年		凭证号数	摘要	金额	成本项目			
					直接材料	直接人工	制造费用	
月	日			千百十万千百十元角分	千百十万千百十元角分	千百十万千百十元角分	千百十万千百十元角分	千百十万千百十元角分

表2-13

一级科目编号及名称 应交税费

二级科目编号及名称 应交增值税

应交税费——应交增值税明细账

总第______页　分第______页

年		凭证		摘要	借方																																																		
					进项税额										已交税金										减免税款										转出未交增值税										合计									
月	日	种类	号数		千	百	十	万	千	百	十	元	角	分	千	百	十	万	千	百	十	元	角	分	千	百	十	万	千	百	十	元	角	分	千	百	十	万	千	百	十	元	角	分	千	百	十	万	千	百	十	元	角	分

贷方																																																		借或贷	合计									
销项税额										出口退税										进项税额转出										转出多交增值税										合计																				
千	百	十	万	千	百	十	元	角	分	千	百	十	万	千	百	十	元	角	分	千	百	十	万	千	百	十	元	角	分	千	百	十	万	千	百	十	元	角	分	千	百	十	万	千	百	十	元	角	分		千	百	十	万	千	百	十	元	角	分

表2-14

主营业务收入　明细账

一级科目编号及名称______

二级科目编号及名称______

总第______页　分第______页

年		凭证号数	摘要	贷方发生额									（贷）方金额分析																																																	
月	日			百	十	万	千	百	十	元	角	分	A产品									B产品																																												
													百	十	万	千	百	十	元	角	分	百	十	万	千	百	十	元	角	分	百	十	万	千	百	十	元	角	分	百	十	万	千	百	十	元	角	分	百	十	万	千	百	十	元	角	分	百	十	万	千	百	十	元	角	分

(三) 总分类账封面及其账页的参考格式

装订好的总分类账如图2-6所示；总账的账页格式见表2-15。

图2-6　总分类账封面图

表2-15

总账

第　　页

年		凭证号数	摘要	日页	借方											贷方											借/贷	余额										
月	日				亿	千	百	十	万	千	百	十	元	角	分	亿	千	百	十	万	千	百	十	元	角	分		亿	千	百	十	万	千	百	十	元	角	分

(四) 库存现金日记账封面及其账页的参考格式

装订好的库存现金日记账如图2-7所示；库存现金日记账的账页格式见表2-16。

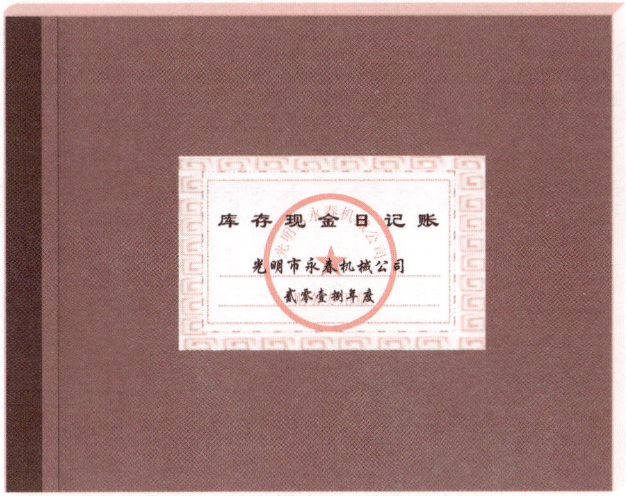

图2-7 库存现金日记账封面图

表2-16 **库存现金日记账** 第 页

年		凭证号数	对方科目	摘要	√	收入(借方)金额											付出(贷方)金额											结余金额										
月	日					亿	千	百	十	万	千	百	十	元	角	分	亿	千	百	十	万	千	百	十	元	角	分	亿	千	百	十	万	千	百	十	元	角	分

特别提示：本实验教材将库存现金日记账和银行存款日记账装订成1本。

（五）银行存款日记账封面及其账页的参考格式

装订好的银行存款日记账如图2-8所示；银行存款日记账的账页格式见表2-17。

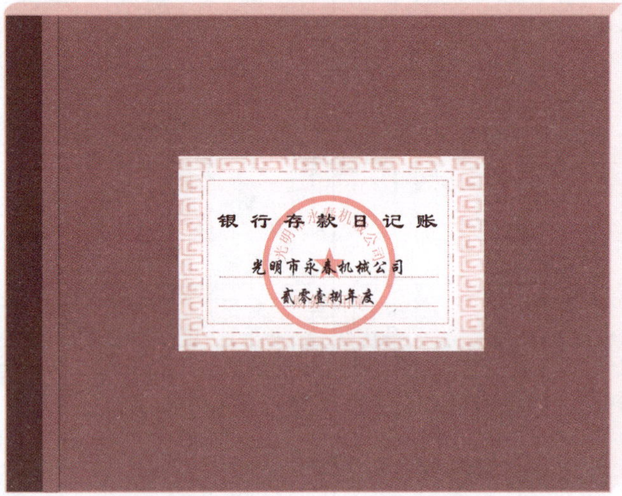

图2-8　银行存款日记账封面图

表2-17

银行存款日记账

第　　页

年		凭证号数	支票号数	对方科目	摘要	√	收入（借方）金额											付出（贷方）金额											结余金额										
月	日						亿	千	百	十	万	千	百	十	元	角	分	亿	千	百	十	万	千	百	十	元	角	分	亿	千	百	十	万	千	百	十	元	角	分

五、会计模拟实验应准备的物品清单

会计模拟实验室应准备小剪刀、名章、公章、印台、印油、订书机、订书钉、手工打眼裁纸机等周转公共用品外，本教材的实训操作，还应外购以下一次性消耗专用物品，见表2-18。

表2-18 会计模拟实训外购凭证、账簿、用品名称及数量参考一览表

名称	单位	数量	备注	名称	单位	数量	备注
收款凭证	张	10	每10人（组）1本（100张）	装订线	卷	2	每25人（组）1卷
付款凭证	张	40	每2人（组）1本（100张）	甲式账、乙式账封皮	副	1	每人（组）1副
转账凭证	张	40	每2人（组）1本（100张）	多栏式明细账、日记账封皮	副	1	每人（组）1副
科目汇总表	张	5	每10人（组）1本（50张）	口取纸（标签）	张	6	每人（组）红色、蓝色各3张
总分类账	本	1	每1人（组）1本（100页）	财会专用笔（0.35mm）	支	2	每人红色、黑色各1支
库存现金日记账	页	4	每50人（组）1本（200页）	回形针	小盒	1	每人（组）1小盒
银行存款日记账	页	4	每50人（组）1本（200页）	燕尾型铁夹（中号）	个	3	每人（组）3个
三栏式明细账（甲式）	页	100	每2人（组）1本（200页）	30cm塑料直尺	把	1	每人1把
数量金额式明细账（乙式）	页	16	每6人（组）1本（200页）	倒钩铁锥	把	1	每人1把
应交增值税明细账（专用）	页	8	每12人（组）1本（100页）	胶水	瓶	1	每人（组）1瓶
生产成本明细账（专用）	页	4	每50人（组）1本（200页）	资料盒	个	1	每人（组）1个
通用多栏式明细账	页	20	每4人（组）1本（200页）	橡皮	块	1	每人（组）1块
记账凭证封面、封底	套	3	每8人（组）1本（25套）	资产负债表	张	1	每人1张，或使用教材中所给
记账凭证包角	个	3	教材附录中已提供	利润表	张	1	每人1张，或使用教材中所给
账绳（鞋带）	根	2	每人（组）2根				

六、会计凭证的整理及装订方法

1. 整理凭证并加具封面、封底和包角

(1) 整理记账凭证（后附原始凭证，且左对齐、上对齐进行粘贴）。按照第四章的实操一和实操二所编制的记账凭证及第五章所编制的记账凭证，分三部分（本）进行整理。

(2) 凭证排列顺序。对以上三部分（本）记账凭证中的每一部分：❶按照收、付、转的顺序整理；❷对收、付、转记账凭证再按照编号顺序整理；❸在每一部分（本）记账凭证的最前面粘贴该部分记账凭证所编制的科目汇总表。

(3) 加具封面和封底。对以上整理好的每本记账凭证：❶将记账凭证的封面和封底分别加具到整理好的3本记账凭证的前后；❷将本书附录二所给出的包角撕下，沿虚线（打孔线）撕成4个十字包角，分别加具到封面的左上角（字朝下）；❸再次整理凭证并以左上角对齐，用铁夹将其紧紧夹住。

2. 打眼

在十字包角上以对角线的两点，用装订机从外到里均匀地打两个眼（在包角上已标出，见附录二），注意不能太靠外以免装订不牢实，也不能太靠里以免不便于翻阅查证。

3. 穿线

第一步：将一根长约60cm的装订线分1/4和3/4折叠；

第二步：从里面的那个眼，将倒钩铁锥从正面穿出，从背面钩住装订线的折叠处并将其拉出（不要拉透，留出一个活扣），然后压住装订线的短线头，将装订线的长线头翻过来从活扣中穿出并拉紧；

第三步：再次从里面的那个眼，将倒钩铁锥从正面穿出，从背面钩住装订线的长线头（折叠并留出穿线余地），然后将其拉出（拉透不留活扣）并拉紧，这样形成第一个十字角；

第四步：从外面的那个眼，将倒钩铁锥从背面穿出，从正面钩住装订线的长线头（折叠并留出穿线余地），然后将其拉出（不要拉透，留出一个活扣），将装订线的长线头翻过来从活扣中穿出并拉紧；

第五步：再次从外面的那个眼，从背面将倒钩铁锥穿出，从正面钩住装订线的长线头（折叠并留出穿线余地），然后将其拉出（拉透不留活扣）并拉紧，这样形成第二个十字角。

4. 打结

在凭证的背面，将装订线的两端系上拉紧并打死结，然后用剪刀剪掉多余的线头。

(1) 封角。沿着十字包角的斜线折叠翻转露出包角正面，将十字包角的两头，抹上胶水，然后再将包角向下、向右折叠到背面并粘牢，要求包角能将装订线的线头全部覆盖上。

(2) 填写凭证脊背。在十字包角翻转折叠粘贴形成的凭证脊背上，填写日期、凭证总号及起止号数（第几号至第几号）、凭证册序（第几册）和凭证册数（共几册）。

（3）**填写封面**。在凭证封面上填写起止日期、账册编号（第几册、共几册）、凭证种类、起止号数、凭证张数、附件张数、会计档案的卷宗号及保管年限等。

（4）**盖章、归档**。装订人员在装订线封签处签名或盖章，然后归档。

七、传票销号单及其使用方法

记账凭证的填制，因为需要经过制单、审核、收付款项和记账等流转程序，并由多人（会计岗位）协同完成，所以，在实际工作中将记账凭证俗称**“传票”**。

为了便于对记账凭证进行编号，不发生重号、隔号，以及会计交易或事项（或业务）不发生记账凭证重编、漏编，在模拟实验时，建议使用**“传票销号单”**。传票销号单上的：❶“凭证号”是指该类记账凭证的编号；❷“业务号”是指与该号记账凭证相对应的会计交易或事项（或业务）序号。从第一笔会计交易或事项（或业务）开始，应当按照以下方法进行操作：

（1）在填写记账凭证的编号前，应将本书**附录一**所给的传票销号单撕下并单独保管使用，直到记账凭证编制完毕。

（2）应确定所填记账凭证的类别，本教材建议将记账凭证分为收、付、转三类；收款凭证与付款凭证不再区分库存现金和银行存款。

（3）按照各原始凭证之间的裁剪线对各原始凭证进行裁剪并按照会计交易或事项（或业务）顺序号排列，然后填制记账凭证并按照以上记账凭证的类别分类进行编号。

（4）每填制完一张记账凭证：❶应当按照记账凭证的编号顺序将传票销号单上的该凭证号数用斜线划掉或划“√”注销，既表示该号数对应的记账凭证已编制完毕，也表示下一张该类记账凭证的编号紧接划掉的该号数；❷将所编记账凭证的业务序号对应填列在业务号的空格处，以便进行核对。

（5）第2、3……笔业务的销号方法依此类推。

空白传票销号单**见附录一**表1、表2、表3。

八、会计记账数字书写要求及练习

（一）汉字大写数字的标准写法

汉字大写数字是在长期的会计实践中，为防止人为篡改数字而采取的一项措施。一般要求：

（1）用正楷或行书书写，不能使用一、二、三、四、五、六、七、八、九、十、廿、卅等字样；

（2）不得自造简化字，也不能写谐音字，如果金额数字中使用繁体字也应受理；

（3）同一行的相邻数字之间要空出半个大写数字的位置；

（4）字体各自成形，大小均匀，排列整齐，字迹工整、清晰。

汉字大写数字的标准写法如下：

壹	贰	叁	肆	伍	陆	柒	捌	玖	零	拾	佰	仟	万	亿

（二）阿拉伯数字（小写）的书写要求及其练习

阿拉伯数字，简称小写数字：1、2、3、4、5、6、7、8、9、0等，是世界各国的通用数字。在财会工作中，阿拉伯数字的书写方法已形成一定的格式。它要求：❶字体各自成形，大小均匀，排列整齐，字迹工整、清晰；❷数字不能写满格，每个数字一般约占格子高度的1/2，要留出空隙，以备更正改错之用，也清晰、美观；❸贴格子的底线书写，只有“7”和“9”两个数字可以超过底线一点，所占位置不能超过底线下格的1/4；❹字体要自右上方斜向左下方书写，斜度一致，约为60度，并且同一相邻数字之间要空出半个小写数字的位置；❺由上而下按纵行累加的数字，要注意对准位数；❻有圆圈的数字，如“6”“8”“9”“0”等，圆圈必须书写完整、对齐；❼对容易混淆的数字，如“0”和“9”、“1”和“7”、“3”和“5”、“3”和“8”等，尤其要严格区别，避免混同；❽“1”不能写短，要符合斜度，以防改为“4”“6”“7”“9”，“6”起笔要伸到上半格的1/4处，下圆要明显，以防改“6”为“8”。阿拉伯数字的标准字体及其书写练习如下：

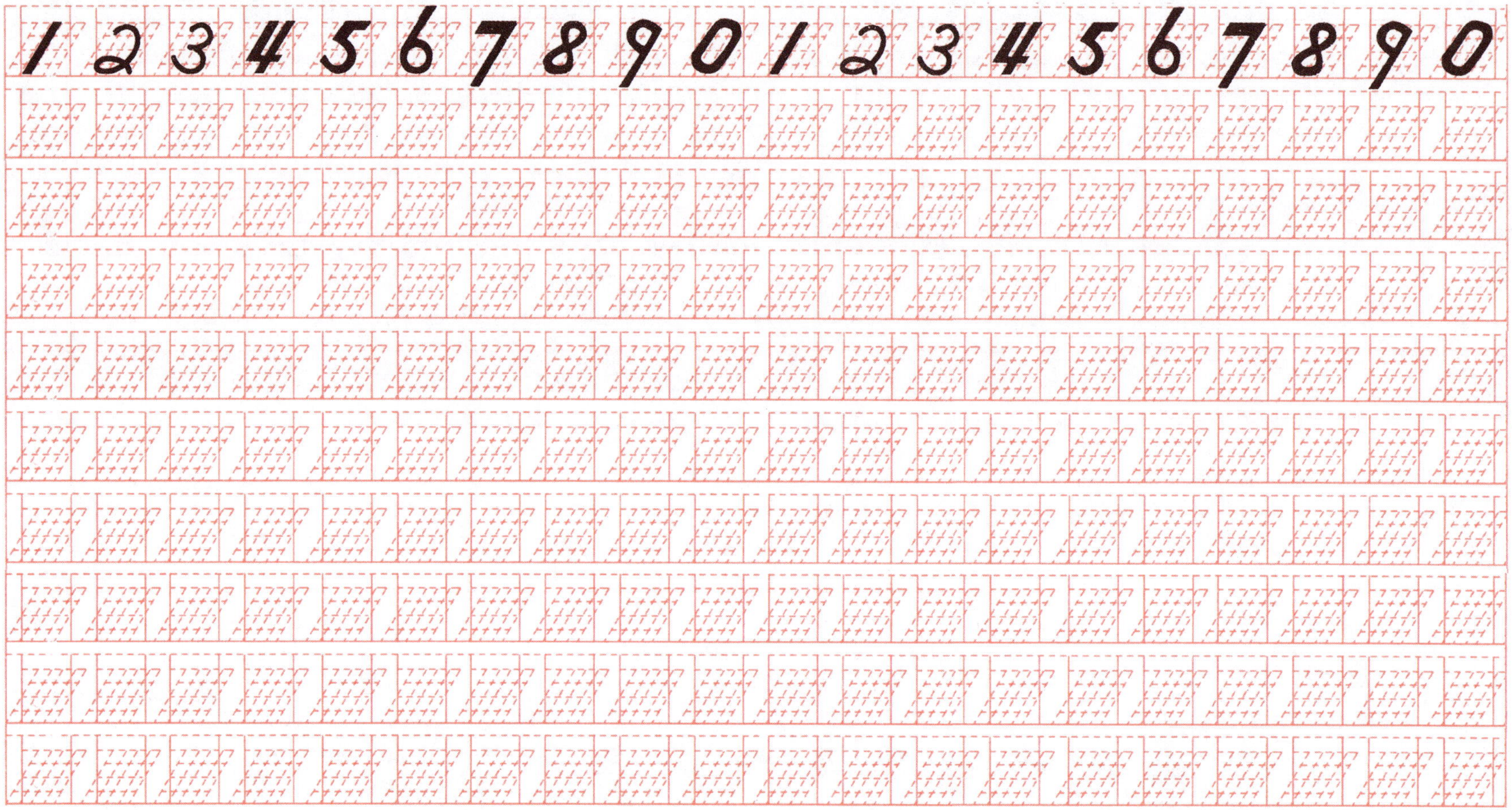

第三章　会计交易或事项对应的原始凭证业务类型及内容的文字表述

一、12月1—15日日常会计交易或事项对应的原始凭证业务类型及内容的文字表述

业务1：**商业承兑汇票结算方式采购材料。**1日，收到并验收入库11月28日从秋林公司购入的乙材料，收到有关单证，经审核无误后，货款及运费签发金额为547 040元、付款期限为4个月的商业承兑汇票。

业务2：**发出材料，计价采用月末一次加权平均法并于月末汇总登记。**1日，各车间和部门填制标明用途的“领料单”领用材料。

业务3：**钱货两清结算方式采购原材料。**1日，收到并验收入库11月28日从金通公司购入的甲、乙两种材料，收到有关单证，经审核无误后同意付款。

业务4：**同城钱货两清销售产品。**1日，向本市联华公司销售A产品和B产品，货已发出，货款收到转账支票并已送存银行。

业务5：**销售服务——现代服务——文化创意服务——广告服务“营改增”。**3日，开出转账支票支付光明市阳明广告公司广告费。

业务6：**销售/购买无形资产——技术——专利技术“营改增”。**3日，开出转账支票，购买本市虹光信息技术公司开发的一套管理软件。

业务7：**在途材料验收入库。**3日，验收入库上月从望海公司购进并已付款的丙材料。

业务8：**产成品入库。**5日，生产车间入库完工产品。

业务9：**公益救济性捐赠。**5日，开具转账支票向光明市红十字会捐款。

业务10：**赊购原材料——应付账款。**5日，从鸿运公司购入丙材料，材料已验收入库，经协商，承诺于下月支付货款。

业务11：**购进不需要安装的机器设备——直接形成固定资产。**7日，收到12月5日从广州市重型机械公司购入不需要安装的HT98型机床5台，直接交付车间使用。

业务12：**商业承兑汇票结算方式销售。**7日，向明远公司销售商品，货已发出。收到对方签发的金额为1 740 000元的商业承兑汇票。

业务13：**发放上月工资——由银行代发。**7日，根据上月“应付工资费用分配汇总表”发放上月职工工资980 000元，通过网银由银行代发，转入职工个人工资账户。

业务14：**有关税费的实际缴纳。**9日，据实预缴上月应纳企业所得税；缴纳上月未交增值税、应交城建税和教育费附加。

业务15：**购进需要安装的机器设备——直接交付安装，先计入在建工程。**9日，收到12月6日从西安市重型机械厂购入2号生产线工程用设备（BN69型机床）2台，直接交付安装。

业务16：**偿付到期商业承兑汇票款。**9日，收款单位秋林公司托收到期商业承兑汇票款，经审核无误，同意并已通过银行付讫。

业务17：**用于生产经营周转的短期借款。**9日，与工商银行光明市支行签订短期借款合同，为生产经营周转从银行取得短期借款，年利率

7.2%，按照季度结算利息。

业务18：**固定资产修理——费用化支出——直接记入“管理费用”账户，销售服务——建筑服务——修缮服务“营改增”。**11日，与光明市方正建筑公司结算车间房屋修缮款项，开出转账支票支付。

业务19：**报销差旅费——销售服务——生活服务——餐饮住宿服务——住宿服务“营改增”。**11日，报销差旅费并交回余款现金，结清原借款。

业务20：**通过银行收回应收账款。**13日，收到金花公司前欠的货款。

业务21：**发出材料，计价采用月末一次加权平均法并于月末汇总登记。**13日，各车间和部门填制标明用途的“领料单”领用材料。

业务22：**提现备用。**13日，开出现金支票，从银行提取现金6 000元。

业务23：**收到托收的到期商业承兑汇票款。**13日，银行转来金额为985 000元的“托收凭证（收账通知）”，为明远公司偿付到期商业承兑汇票款。

业务24：**报销购买办公用品款，各车间、部门直接领用。**13日，办公室报销各车间部门直接领用的办公用品款，经审核无误，以现金付讫。

业务25：**遵守现金结算纪律，将超过银行核定的库存现金限额的部分送存银行。**13日，将当日超过库存现金定额2 000元的部分1 260元送存银行。

业务26：**确认无法支付的应付账款——不满足负债确认的条件。**15日，经确认唐山华远钢铁厂已于1年前破产清算完毕，将应付货款55 597元确认为营业外收入。

业务27：**发出材料，计价采用月末一次加权平均法并于月末汇总登记。**15日，生产车间填制标明用途的“领料单”领用材料。

特别提示：编制完第27笔业务的记账凭证后，应编制第一张“科目汇总表”（上半月第1—27笔业务）。

二、12月16—31日日常会计交易或事项对应的原始凭证业务类型及内容的文字表述

业务28：**销售服务——建筑服务——安装服务“营改增”及工程完工达到预定可使用状态——形成固定资产。**17日，2号生产线工程完工，与本市晋源安装公司结算工程款项，开出转账支票支付。

业务29：**赊购原材料——应付账款。**17日，从本市鸿运公司购入丙材料，材料已验收入库， 经协商，承诺于下月支付货款。

业务30：**产成品入库。**17日，生产车间入库完工产品。

业务31：**赊销——应收账款。**19日，采用赊销方式向宏图公司销售商品，货已发出并由对方自提，对方承诺于下月支付货款。

业务32：**商业承兑汇票销售——应收票据。**19日，采用商业承兑汇票结算方式向明远公司销售商品，货已发出，收到对方签发并承兑、金额为1 160 000元的商业承兑汇票。

业务33：**缴纳增值税和房产税。**19日，通过中国工商银行电子缴税付款平台缴纳本月1—15日应交增值税93 300元和第四季度应交房产税46 200元。

业务34：**冲销预付账款方式购进，预付金额与实际结算金额相等。**19日，采用预付账款方式向远程公司购进甲材料，材料已验收入库，货

款冲销前已预付的货款。

业务35：**通过银行偿还前欠货款。**19日，签发金额为294 400元的转账支票，偿还前欠本市鸿运公司的货款。

业务36：**购买支票，银行直接扣除工本费。**19日，购买现金支票和转账支票各1本，工本费100元。开户银行将从该公司的账户中扣款。

业务37：**通过“其他应付款”账户，对费用结算期和月度会计期间不一致进行过渡。**21日，银行转来供水公司托收上月21日至本月20日水费的付款通知。

业务38：**销售服务——金融服务——贷款服务“营改增”。**❶21日，收到银行短期借款利息付款通知单，收取本季度（9月21日至12月20日）的贷款利息67 200元。❷21日，收到中国工商银行计付存款利息单（收账通知），收到本季度（9月21日至12月20日）的活期存款利息收入6 000元。

业务39：**通过“其他应付款”账户，对费用结算期和月度会计期间不一致进行过渡。**21日，银行转来供电公司托收上月21日至本月20日电费的付款通知。

业务40：**委托收款结算销售——应收账款。**23日，采用委托收款结算方式向金花公司销售商品，由对方委托光明市顺风物流公司运输，货物已发出，并于当日办妥托收手续。

业务41：**发出材料，计价采用月末一次加权平均法并于月末汇总登记。**23日，生产车间填制标明用途的“领料单”领用材料。

业务42：**收到托收的到期商业承兑汇票款。**23日，银行转来金额为1 655 000元的“托收凭证（收账通知）”，为明远公司偿付到期商业承兑汇票款。

业务43：**销售服务——生活服务——教育医疗服务——医疗服务“营改增”。**25日，通过银行支付职工体检费，收到的增值税普通发票上注明：价款120 000元、税额7 200元，经审核无误同意付款，开具金额为127 200元的转账支票。提示：借：应付职工薪酬——职工福利 127 200，贷：银行存款 127 200。

业务44：**销售服务——交通运输服务——陆路运输服务——其他陆路运输服务“营改增”。**25日，通过银行支付销售运费，收到的增值税专用发票上注明：价款149 700元、税额14 970元，经审核无误同意付款，开具金额为164 670元的转账支票。

业务45：**产成品入库。**25日，生产车间入库完工产品。填制“产品入库单”，注明实收A产品200台、B产品200台。

业务46：**购进原材料，发票账单已到，经审核无误同意付款，材料在途。**27日，向望海公司购进甲材料的发票账单已到，经审核无误同意付款，但材料尚未到达。

业务47：**提现备用。**27日，开出现金支票，从银行提取现金5 000元。

业务48：**购买印花税票。**27日，报销购买印花税票款200元，以库存现金付讫。提示：借记“税金及附加”账户，贷记“库存现金”账户。

业务49：**鲍巩英出差借现金。**27日，职工鲍巩英填制“借款单”，出差借款6 000元，经审核同意以现金付讫。

业务50：**冲销预收货款销售。**29日，采用预收货款结算方式向通宝公司销售商品，货物由对方自提，预收账款与实际结算金额相等。

业务51：**偿还短期借款。**31日，偿还到期银行短期借款300 000元。

业务52：**购货方预付货款。**31日，收到开户银行转来的电汇凭证（收账通知），系通宝公司预付购货款250 000元。

业务53：**预付购货款。**31日，按照合同规定预付远程公司货款，经审核同意付款，填制金额为214 000元的“电汇凭证（回单）”，同时，银行扣除汇兑手续费107元。

特别提示：账务处理到第53笔业务为止，应编制第二张“科目汇总表”（下半月第28—53笔业务）。

三、成本计算会计事项对应的原始凭证业务类型及内容的文字表述

业务54：**采用月末一次加权平均法，进行材料费用的归集与分配。**月末，按照月末一次加权平均法计算本月发出原材料的加权平均单价，然后汇总“领料单”编制“发料凭证汇总表”，进行材料费用的归集与分配。

业务55：**工薪费用的分配与结转。**月末，❶**工资费用的分配与结转。**根据考勤记录（略），分车间、部门和用途，编制“应付工资费用分配汇总表”，分配并结转工资费用。❷**职工福利费的分配与结转。**根据“应付工资费用分配汇总表”提供的工资总额，按照14%的比例计算并编制“职工福利费计提表”，分配并结转职工福利费。

业务56：**分配并结转水费和电费。**月末，根据各部门用水量和用电量统计记录（略）和单价，编制“水电费用计算分配表”，分配并结转水费和电费。

业务57：**计提并结转折旧费用。**月末，根据月初固定资产原值和确定的折旧率，计算并编制“固定资产折旧计算汇总表”，计提并结转固定资产折旧费用。

业务58：**归集、分配并结转制造费用。**月末，根据“制造费用”明细账所归集的费用总额（借方发生额），按照成本计算对象（各产品）生产工人工资的比例，计算并编制“制造费用分配表”，进行制造费用的分配与结转。

业务59：**计算并结转完工产品成本。**月末，根据“生产成本”明细账所记录的生产费用总额（月初在产品成本与本月发生的生产费用之和），扣除采用“定额成本法”计算的月末在产品成本（定额成本），结合“产品入库单”提供的完工数量，分成本项目编制“产品成本计算表”，计算并结转完工产品成本。

四、期末会计事项对应的原始凭证业务类型及内容的文字表述

业务60：**采用月末一次加权平均法，计算并结转已销产品成本。**月末，根据“库存商品”明细账的期初结存（数量、金额）和本期收入（数量、金额），计算本月已销产品的加权平均单位成本，结合“产品出库单”提供的数量，编制“主营业务成本计算表”，并结转已销产品成本。

业务61：**计算应交增值税，并转出未交增值税。**月末，根据“应交税费——应交增值税”明细账的有关专栏，计算并填制“应纳增值税及转出未交增值税计算表”，结转未交增值税。

业务62：**计算并结转应交城建税、应交教育费附加和应交房产税。**月末，❶根据本月应纳增值税税额和消费税税额（本实验未涉及消费税业务），按照法定税费率计算本月应纳城建税和教育费附加，编制“应纳城建税及教育费附加计算表”；❷按照房产税应纳税额计算与缴纳的规定，编制“房产税从价计征并按季缴纳计算表”；❸结转税金及附加，借记“税金及附加”账户，贷记“应交税费”账户。

业务63：**计提并结转本月短期借款利息。**月末，根据“短期借款”所属明细账的期初余额、期末余额和规定的借款利率，计算并填制本月“银行借款利息计提表”，计算并结转本月短期借款利息费用。

业务64：**计提并结转无形资产摊销。**月末，根据“无形资产”账户及其所属明细账户记录的原值，按照规定的摊销年限，计算并编制“无形资产摊销计提表”，结转无形资产摊销。提示：与固定资产计提折旧相反，本月增加的无形资产要计提摊销额，本月减少的无形资产不计提摊销额。

业务65：**“账结法”下结转损益类账户余额至“本年利润”账户。**月末，根据本月各收入类账户的贷方发生额和费用类账户的借方发生额，填制“结转本年利润前本月损益类账户发生额汇总表”，结转损益类账户发生额至“本年利润”账户。

业务66：**所得税分期（按季或按月）预缴的纳税甲报。**年末，根据“结转本年利润前本月损益类账户发生额汇总表”和“损益类账户1—11月份累计发生额汇总表”，填制“企业所得税分期（按季或按月）预缴纳税申报表”，计算并结转12月份应补缴的企业所得税；同时结转所得税费用至“本年利润”账户。企业所得税据实预缴与年终汇算清缴方法：❶按照企业所得税税法的规定，企业所得税采取“按年计算、分期（按月或按季）据实（会计利润额）预交、年终汇算清缴”。❷企业所得税年终汇算清缴，一般是在下年度的3—4月份进行。

业务67：**利润分配。**年末，按照《中华人民共和国公司法》的规定和董事会的决定进行利润分配，包括提取法定盈余公积和向投资者分配利润。公司的利润分配方案一般是在下年度的3—4月份确定，为使本教材的内容更加丰富，提前确定或公告公司利润分配方案。

业务68：**计算并结转未分配利润。**年末，结转净利润和已分配利润，计算并结转未分配利润。

特别提示：账务处理到第68笔业务为止，应编制第三张“科目汇总表”（第54—68笔业务）。

五、编制会计报表会计事项的文字表述

业务69：**结账与编制“总分类账户发生额及余额试算平衡表”。**账务处理要求与提示：❶对所有总账和明细账进行本期发生额和期末余额计算的“结账”（先用铅笔进行草结），然后，按照平行登记的要求进行总账和明细账核对。❷根据所有总账的记录编制“总分类账户发生额及余额试算平衡表”。❸在试算平衡的基础上，对所有的总分类账户进行月度结账和年度结账并划线封账。

业务70：**编制“资产负债表”。**账务处理要求与提示：根据“总分类账户发生额及余额试算平衡表”的“期末余额”栏的数字，结合有关明细账的期末余额，采用“直接填列法”和“分析填列法”填列“资产负债表”的“期末余额”栏。

业务71：**编制月度“利润表”。**账务处理要求与提示：根据“总分类账户发生额及余额试算平衡表”有关损益类账户的“本月发生额”栏金额和1—11月份损益类账户累计发生额，结合有关明细账的发生额，填列12月份“利润表”各项目的“本期金额”栏和“本年累计金额”栏。

第四章　日常会计交易或事项的账务处理要求及对应的原始凭证

日常会计交易或事项的账务处理要求

日常会计交易或事项是指本月发生的除成本计算、期末会计事项和会计报表编制外的会计交易或事项。

根据企业会计核算的基本岗位设置及职责，结合该企业采用“科目汇总表核算形式”的要求，日常会计交易或事项的账务处理流程和要求如下：

（1）审核会计交易或事项（原始凭证）。审核员（会计主管）接到外来或自制的原始凭证后：❶对其进行合法性、合规性、合理性审核并签署审核意见；❷按照业务顺序将审核无误的各个原始凭证按照裁剪线进行撕裁并传递给制单会计。

（2）编制记账凭证。制单会计对经审核员（会计主管）审核无误的原始凭证：❶在空白记账凭证上编制会计分录并在记账凭证的“制单”处签名或盖章（**提示：**车间或部门领用材料的业务和产成品入库业务，**暂不编制记账凭证**）；❷将原始凭证粘贴在已填制完成的记账凭证后面，并将其传递给审核员（会计主管）；❸记账凭证右上角的编号：总号填写业务序号，分号分别“收”“付”“转”按照顺序编写。（**提示：日常会计交易或事项需要编制收款凭证8张、付款凭证29张、转账凭证13张**）

（3）登记库存现金和银行存款日记账。出纳员接到审核员（会计主管）审核无误的收款凭证和付款凭证后：❶根据记账凭证逐日、逐笔登记库存现金日记账和银行存款日记账；❷在每一日最后一笔收付款业务登记完毕后，按日对日记账进行本日合计并结出余额。（**提示：由于本教材的库存现金收付款业务较少，可略去这一步骤**）

（4）登记明细账。记账会计根据审核无误的记账凭证和有关原始凭证登记有关明细账，其中：❶“原材料明细账”的登记依据为**收料单**和**领料单**，“凭证字号”栏的“字”应填写“收”字或“领”字，“凭证字号”栏的“号”应填写收料单和领料单右上角的编号；❷“库存商品明细账”的登记依据为**产品入库单**和**产品出库单**，“凭证字号”栏的“字”应填写“入”字或“出”字，“凭证字号”栏的“号”应填写产品入库单和产品出库单右上角的编号；❸“原材料明细账”和“库存商品明细账”应逐笔结出结存数量；❹其余明细账的登记依据为记账凭证，“凭证字号”栏应填写记账凭证右上角的编号（分号），分别为：收1、收2、……；付1、付2、……；转1、转2、……。

（5）编制“科目汇总表”。本企业分上半月和下半月编制“科目汇总表”，当每半月的日常会计交易或事项填制完记账凭证后，主管会计应对其记账凭证进行汇总，编制“科目汇总表”。

（6）登记总分类账。记账会计根据“科目汇总表”登记总分类账。其中：❶凭证字号为：科汇1、科汇2、……；❷在总分类账的“摘要”栏应分别填写**“上半月发生额”**和**“下半月发生额”**字样。

实操一 12月1—15日日常会计交易或事项的原始凭证及业务提示

业务 1-5-1

光明市永春机械公司 报账（付款）审批单

部门：供销科

2×18年12月1日

经手人	鲍巩英	事 由	购进材料并签发商业承兑汇票
项目名称	金额（元）	付款（结算）方式	备注
材料购进	547 040.00	商业承兑汇票	对方代垫运费
合 计	547 040.00		
单位负责人审批	财务主管	部门领导	出纳员
同意。 李永春	同意。 钱一凡	同意。 卜发愁	

附单据4张

业务 1-5-2

广东增值税专用发票

发票联

No 15452166

5101184130

开票日期：2×18年11月28日

购买方	名称：光明市永春机械公司 纳税人识别号：91310040213456070M 地址、电话：光明市建设路68号 98706543 开户行及账号：工商银行光明市支行 230045006				密码区	（略）		
货物或应税劳务、服务名称	规格型号	单位	数 量	单 价	金 额	税率	税 额	
乙材料		千克	8 000	58.00	464 000.00	16%	74 240.00	
合 计					￥464 000.00		￥74 240.00	
价税合计（大写）	⊗伍拾叁万捌仟贰佰肆拾元整					（小写）￥538 240.00		
销售方	名称：广州市秋林机械公司 纳税人识别号：91510206316453201A 地址、电话：广州市天明路36号 56089420 开户行及账号：工商银行天明路办事处 382246790				备注			

收款人：黄来才 复核： 开票人：刘大科 销售方（章）

第三联 发票联 购买方记账凭证

（印章：商业承兑汇票；广州市秋林机械公司 91510206316453201A 发票专用章）

业务 1-5-3

广东增值税专用发票

发票联

No 15453755

5101184130

开票日期：2×18年11月28日

购买方	名称：光明市永春机械公司 纳税人识别号：91310040213456070M 地址、电话：光明市建设路68号 98706543 开户行及账号：工商银行光明市支行 230045006				密码区	（略）		
货物或应税劳务、服务名称	规格型号	单位	数 量	单 价	金 额	税率	税 额	
运费		吨公里	10 000	0.80	8 000.00	10%	800.00	
合 计					￥8 000.00		￥800.00	
价税合计（大写）	⊗捌仟捌佰元整					（小写）￥8 800.00		
销售方	名称：广州市前进物流公司 纳税人识别号：91510106316783240A 地址、电话：广州市广发路55号 56089999 开户行及账号：工商银行天明路办事处 382246792				备注	起运地：广州市；到达地：光明市；车种车号：粤AZ0568；货物名称：乙材料；载重量：10吨。		

收款人：刘玉方 复核： 开票人：黄大春 销售方（章）

第三联 发票联 购买方记账凭证

（印章：广州市前进物流公司 91510106316783240A 发票专用章）

业务1-5-4

光明市永春机械公司　收料单

供货单位：广州市秋林机械公司　　2×18年12月1日　　编号：101　仓库：原料库

材料类别	材料编号	名称及规格	计量单位	数量		实际成本（元）			
				应收	实收	发票价格	采购费用	合计	单价
（略）	（略）	乙材料	千克	8 000	8 000	464 000	8 000	472 000	59
合　计									

二 财务联

供销主管：卜发愁　　保管员：特认真　　记账：高桂格　　制单：艾志丹

业务1-5-5

商业承兑汇票　2

出票日期（大写）：贰×壹捌年壹拾贰月零壹日　　00800392

付款人			收款人		
全称	光明市永春机械公司		全称	广州市秋林机械公司	
账号	230045006		账号	382246790	
开户行	工商银行光明市支行		开户行	工商银行天明路办事处	
出票金额	人民币（大写）	伍拾肆万柒仟零肆拾元整	亿千百十万千百十元角分	¥ 5 4 7 0 4 0 0 0	
汇票到期日（大写）	贰×壹玖年零肆月零壹日		付款人开户行	行号	105603000606
交易合同号码				地址	光明市建设路180号
本汇票已经承兑，到期无条件付款。承兑人签章　承兑日期：2×18年12月01日			本汇票请予以承兑，并于到期日付款。出票人签章		

（印章：光明市永春机械公司 财务专用章；李春永印；复印件与原件核对一致）

此联持票人开户行随托收凭证寄付款人开户行作借方凭证附件

业务2-3-1

光明市永春机械公司　领料单

领料单位：生产车间　　2×18年12月1日　　编号：201　仓库：原料库

材料类别	材料编号	名称及规格	计量单位	数量		单价	金额	领料用途
				请领	实发			
（略）	（略）	甲材料	千克	1 400	1 400			生产A产品
		乙材料	千克	1 240	1 240			
		丙材料	千克	1 400	1 400			

二 财务联

业务提示

车间主管：高安全　　保管员：特认真　　记账：高桂格　　制单：艾志丹

业务2-3-2

光明市永春机械公司 领料单

领料单位：生产车间　　2×18年12月1日　　编号：202　仓库：原料库

材料类别	材料编号	名称及规格	计量单位	数量 请领	数量 实发	单价	金额	领料用途
（略）	（略）	甲材料	千克	1 500	1 500			生产B产品
		乙材料	千克	2 600	2 600			

二 财务联

车间主管：高安全　保管员：特认真　记账：高桂格　制单：艾志丹

业务2-3-3

光明市永春机械公司 领料单

领料单位：供销科　　2×18年12月1日　　编号：203　仓库：原料库

材料类别	材料编号	名称及规格	计量单位	数量 请领	数量 实发	单价	金额	领料用途
（略）	（略）	丙材料	千克	1 400	1 400			产品销售包装

二 财务联

车间主管：高安全　保管员：特认真　记账：高桂格　制单：艾志丹

业务3-5-1

光明市永春机械公司 报账（付款）审批单

部门：供销科　　2×18年12月1日

经手人	鲍巩英	事　由	支付金通机械公司货款
项目名称	金额（元）	付款（结算）方式	备　注
材料采购	988 500.00	委托收（付）款	
合　计	988 500.00		
单位负责人审批	财务主管	部门领导	出纳员
同意。李永春	同意。钱一凡	同意。卜发愁	张理财

附单据4张

业务3-5-2

山西增值税专用发票

1401188130　　　　No 15452967

开票日期：2×18年11月28日

购买方	名　　称：光明市永春机械公司 纳税人识别号：91310040213456070M 地 址、电 话：光明市建设路68号 98706543 开户行及账号：工商银行光明市支行 230045006			密码区	（略）		
货物或应税劳务、服务名称	规格型号	单位	数　量	单　价	金　额	税率	税　额
甲材料		千克	5 000	100.00	500 000.00	16%	80 000.00
乙材料		千克	6 000	50.00	300 000.00	16%	48 000.00
合　计					¥800 000.00		¥128 000.00
价税合计（大写）	⊗玖拾贰万捌仟元整				（小写）¥928 000.00		
销售方	名　　称：太原市金通机械公司 纳税人识别号：91140106315853205A 地 址、电 话：太原市府东街88号 7808900 开户行及账号：工商银行府东街办事处 246790025			备注			

收款人：李来发　　复核：　　开票人：郭有理　　销售方（章）

第三联 发票联 购买方记账凭证

业务3-5-3

山西增值税专用发票

1401188130　　　　No 15442650

开票日期：2×18年11月28日

购买方	名　　称：光明市永春机械公司 纳税人识别号：91310040213456070M 地 址、电 话：光明市建设路68号 98706543 开户行及账号：工商银行光明市支行 230045006			密码区	（略）		
货物或应税劳务、服务名称	规格型号	单位	数　量	单　价	金　额	税率	税　额
甲材料运费		吨公里	31 250	0.80	25 000.00	10%	2 500.00
乙材料运费		吨公里	37 500	0.80	30 000.00	10%	3 000.00
合　计					¥55 000.00		¥5 500.00
价税合计（大写）	⊗陆万零伍佰元整				（小写）¥60 500.00		
销售方	名　　称：太原市茂源物流公司 纳税人识别号：91140206316783240A 地 址、电 话：太原市平阳路66号 5608123 开户行及账号：工商银行太原市分行 240046806			备注	起运地：太原市；到达地：光明市；车种车号：晋A40168；货物名称：甲材料5吨，乙材料6吨；载重量：15吨。		

收款人：刘方华　　复核：　　开票人：王春天　　销售方（章）

第三联 发票联 购买方记账凭证

业务3-5-4

光明市永春机械公司　收料单

编号：102

供货单位：太原市金通机械公司　　2×18年12月1日　　仓库：原料库

材料类别	材料编号	名称及规格	计量单位	数量		实际成本（元）			
				应收	实收	发票价格	采购费用	合计	单价
（略）	（略）	甲材料	千克	5 000	5 000	500 000	25 000	525 000	105
		乙材料	千克	6 000	6 000	300 000	30 000	330 000	55
合　计						800 000	55 000	855 000	

二 财务联

供销主管：卜发愁　　保管员：特认真　　记账：高桂格　　制单：艾志丹

业务3-5-5

ICBC 中国工商银行 托收凭证（付款通知） 5

委托日期 2×18年11月28日　　付款期限 2×18年12月1日

业务类型	委托收款（☑邮划、☐电划）		托收承付（☐邮划、☐电划）					
付款人	全称	光明市永春机械公司		收款人	全称	太原市金通机械公司		
	账号	230045006			账号	246790025		
	地址	省光明市/县	开户行 工行光支		地址	山西省太原市/县	开户行 工行府东办	
金额	人民币（大写）	玖拾捌万捌仟伍佰元整				千 百 十 万 千 百 十 元 角 分	¥ 9 8 8 5 0 0 0 0	
款项内容	货款	托收凭据名称	增值税专用发票			附寄单证张数	4	
商品发运情况			合同名称号码					
备注：		付款人开户银行签章 2×18年12月1日	付款人注意： 1.根据支付结算办法，上列委托收款（托收承付）款项在付款期限内未提出拒付，即视为同意付款，以此代付款通知。 2.如需提出全部或部分拒付，应在规定期限内，将拒付理由书并附债务证明退交开户银行。					
复核　记账								

（印章：中国工商银行光明市支行 2X18年12月01日 转讫）

此联是付款人开户银行给付款人的按期付款通知

业务4-3-1

光明增值税专用发票

№ 15452152

3102184130　　此联不作报销、扣税凭证使用　　开票日期：2×18年12月1日

（印章：光明市）

购买方	名称：光明市联华机械公司 纳税人识别号：91310020314956839A 地址、电话：光明市华光路12号 29670384 开户行及账号：工商银行北海办事处 230086005			密码区	（略）		
货物或应税劳务、服务名称	规格型号	单位	数量	单价	金额	税率	税额
A产品		台	200	6 000.00	1 200 000.00	16%	192 000.00
B产品		台	155	4 000.00	620 000.00	16%	99 200.00
合计					¥1 820 000.00		¥291 200.00
价税合计（大写）	⊗贰佰壹拾壹万壹仟贰佰元整				（小写）¥2 111 200.00		
销售方	名称：光明市永春机械公司 纳税人识别号：91310040213456070M 地址、电话：光明市建设路68号 98706543 开户行及账号：工商银行光明市支行 230045006			备注			

收款人：王进勇　　复核：　　开票人：刘富民　　销售方（章）

（印章：光明市永春机械公司 91310040213456070M）

第一联 记账联 销售方记账凭证

业务4-3-2

ICBC 中国工商银行 进账单 （收账通知） 3

2×18年12月1日

出票人	全称	光明市联华机械公司	收款人	全称	光明市永春机械公司
	账号	230086005		账号	230045006
	开户银行	工行北海办事处		开户银行	工行光明市支行
金额	人民币（大写）	贰佰壹拾壹万壹仟贰佰元整		亿 千 百 十 万 千 百 十 元 角 分	¥ 2 1 1 1 2 0 0 0 0
票据种类	转账支票	票据张数 1			
票据号码	15025486				
复核　记账			收款人开户银行签章		

（印章：中国工商银行光明市支行 2X18年12月01日 转讫）

此联是收款人开户银行交给收款人的收账通知

业务 4-3-3

光明市永春机械公司　产品出库单

仓库：成品库

购买方：联华机械公司　　2×18年12月1日　　编号：401

产品编号	规格	产品名称	计量单位	数量 应发	数量 实发	单位成本	金额	备注
（略）	（略）	A产品	台	200	200			
		B产品	台	155	155			

二 财务联

供销主管：卜发愁　　保管员：甄仔细　　记账：高桂格　　制单：严尧秋

业务 5-3-1

光明市永春机械公司　报账（付款）审批单

部门：办公室　　2×18年12月3日

经手人	焦吉华	事　由	支付广告费
项目名称	金额（元）	付款（结算）方式	备注
广告费	74 200.00	转账支票	
合　计	74 200.00		
单位负责人审批	财务主管	部门领导	出纳员
同意。李永春	同意。钱一凡	同意。赵婉茹	张理财

附单据 2 张

业务 5-3-2

光明增值税专用发票

№ 15453864

3102184130

（全国统一发票监制章 光明市 国家税务总局监制）发票联

开票日期：2×18年12月3日

购买方	名　　称：光明市永春机械公司 纳税人识别号：91310040213456070M 地 址、电 话：光明市建设路68号 98706543 开户行及账号：工商银行光明市支行 230045006				密码区	（略）		
货物或应税劳务、服务名称	规格型号	单位	数量	单价	金额	税率	税额	
广告费		m²	100	700.00	70 000.00	6%	4 200.00	
合　计					¥70 000.00		¥4 200.00	
价税合计（大写）	⊗柒万肆仟贰佰元整				（小写）¥74 200.00			
销售方	名　　称：光明市阳明广告公司 纳税人识别号：91310206318853206A 地 址、电 话：光明市奉化街20号 78029160 开户行及账号：工商银行奉化街办事处 246790025				备注	光明市阳明广告公司 91310206318853206A 发票专用章		

收款人：赵发才　　复核：　　开票人：常有礼　　销售方（章）

第三联 发票联 购买方记账凭证

业务5-3-3

ICBC 中国工商银行 转账支票存根

支票号码18203130

附加信息

出票日期：2×18年12月3日

收款人：	光明市阳明广告公司
金额：	74 200.00
用途：	支付广告费

单位主管：李永春　　会计：高桂格

业务6-3-1

光明市永春机械公司 报账（付款）审批单

部门：办公室　　2×18年12月3日

经手人	焦吉华	事由	支付购买软件款
项目名称	金额（元）	付款（结算）方式	备注
无形资产（管理软件）	190 800.00	转账支票	
合计	190 800.00		
单位负责人审批	财务主管	部门领导	出纳员
同意。李永春	同意。钱一凡	同意。赵婉茹	张理财

附单据2张

业务6-3-2

光明增值税专用发票

发票联

No 15453800

3102184130　　开票日期：2×18年12月3日

购买方	名称：光明市永春机械公司 纳税人识别号：91310040213456070M 地址、电话：光明市建设路68号 98706543 开户行及账号：工商银行光明市支行 230045006	密码区	（略）				
货物或应税劳务、服务名称	规格型号	单位	数量	单价	金额	税率	税额
管理软件		套	1	180 000.00	180 000.00	6%	10 800.00
合计					¥180 000.00		¥10 800.00
价税合计（大写）	⊗壹拾玖万零捌佰元整				（小写）¥190 800.00		
销售方	名称：光明市虹光信息技术公司 纳税人识别号：91310038259060214A 地址、电话：光明市桃园路154号 66880721 开户行及账号：工商银行桃园路办事处 234790022	备注	光明市虹光信息技术公司 91310038259060214A 发票专用章				

第三联 发票联 购买方记账凭证

收款人：王国华　　复核：　　开票人：黄修远　　销售方（章）

业务6-3-3

ICBC 中国工商银行 转账支票存根

支票号码 18203131

附加信息

出票日期：2×18年12月3日

收 款 人：	光明市虹光信息技术公司
金　　额：	190 800.00
用　　途：	支付购软件款

单位主管：李永春　　会计：高桂格

业务7

光明市永春机械公司　收料单

编号：103

供货单位：广州市望海机械公司　　2×18年12月3日　　仓库：原料库

材料类别	材料编号	名称及规格	计量单位	数量		实际成本（元）			
				应收	实收	发票价格	采购费用	合计	单价
（略）	（略）	丙材料	千克	1 000	1 000	86 000	2 000	88 000	88
合　计									

在途材料验收入库

二 财务联

供销主管：卜发愁　　保管员：特认真　　记账：高桂格　　制单：艾志丹

业务8

光明市永春机械公司　产品入库单

仓库：成品库

交库单位：生产车间　　2×18年12月5日　　编号：301

产品编号	规格	产品名称	计量单位	数量		单位成本	总成本	备　注
				送检	实收			
（略）	（略）	A产品	台	300	300			完工入库
		B产品	台	400	400			

二 财务联

车间主管：高安全　　保管员：甄仔细　　记账：高桂格　　制单：严尧秋

业务 9-3-1

光明市永春机械公司 报账（付款）审批单

部门：办公室

2×18年12月5日

经手人	焦吉华	事由	红十字会抗洪救灾捐款
项目名称	金额（元）	付款（结算）方式	备注
公益救济性捐赠	83 000.00	转账支票	
合　计	83 000.00		
单位负责人审批	财务主管	部门领导	出纳员
同意。 李永春	同意。 钱一凡	同意。 赵婉茹	张理财

附单据 2 张

业务 9-3-2

光明市行政事业单位收款收据

收据联

收据代码 31000002

收据号码 34502800

单位或个人名称：光明市永春机械公司　　2×18年12月5日

项　目	单　位	数　量	收费标准	百	十	万	千	百	十	元	角	分	备　注
抗洪救灾捐款						8	3	0	0	0	0	0	
合计金额：人民币（大写）捌万叁仟元整					¥	8	3	0	0	0	0	0	

②收据联

收款单位：（章）　　开票人：赵大明　　收款人：王爱红

（印章：光明市红十字会 91310010987667375A 发票专用章）

业务 9-3-3

ICBC 中国工商银行 转账支票存根

支票号码 18203132

附加信息

出票日期：2×18年12月5日

收 款 人：	光明市红十字会
金　　额：	83 000.00
用　　途：	捐赠抗洪救灾

单位主管：李永春　　会计：高桂格

业务10-2-1

光明市永春机械公司 收料单

编号：104

供货单位：光明市鸿运机械公司　　2×18年12月5日　　仓库：原料库

材料类别	材料编号	名称及规格	计量单位	数量		实际成本（元）			
				应收	实收	发票价格	采购费用	合计	单价
（略）	（略）	丙材料	千克	1 000	1 000	90 000		90 000	90.00
合计									

二 财务联

供销主管：卜发愁　　保管员：特认真　　记账：高桂格　　制单：艾志丹

业务10-2-2

光明增值税专用发票

（印章：全国统一发票监制章 光明市 国家税务总局监制）

发票联

3102184130　　№ 15453821

开票日期：2×18年12月5日

购买方	名称：光明市永春机械公司 纳税人识别号：91310040213456070M 地址、电话：光明市建设路68号 98706543 开户行及账号：工商银行光明市支行 230045006			密码区	（略）		
货物或应税劳务、服务名称	规格型号	单位	数量	单价	金额	税率	税额
丙材料		千克	1 000	90.00	90 000.00	16%	14 400.00
合计					¥90 000.00		¥14 400.00
价税合计（大写）	⊗壹拾万肆仟肆佰元整				（小写）¥104 400.00		
销售方	名称：光明市鸿运机械公司 纳税人识别号：91310206314853260A 地址、电话：光明市大同街20号 98029160 开户行及账号：建设银行光明分行 560046120			备注			

（印章：货款未付）

（印章：光明市鸿运机械公司 91310206314853260A 发票专用章）

第三联 发票联 购买方记账凭证

收款人：夏建国　　复核：　　开票人：徐杨帆　　销售方（章）

业务11-4-1

光明市永春机械公司 报账（付款）审批单

部门：办公室　　2×18年12月7日

经手人	焦吉华	事由	支付购买机床款
项目名称	金额（元）	付款（结算）方式	备注
固定资产	477 920.00	委托收（付）款	直接交付车间使用，运费由销货方负担
合计	477 920.00		
单位负责人审批	财务主管	部门领导	出纳员
同意。 李永春	同意。 钱一凡	同意。 赵婉茹	张理财

附单据3张

业务11-4-2

广东增值税专用发票

5102184130　　　　发票联　　　　№ 15463860

开票日期：2×18年12月4日

购买方	名称：光明市永春机械公司 纳税人识别号：91310040213456070M 地址、电话：光明市建设路68号 98706543 开户行及账号：工商银行光明市支行 230045006			密码区	（略）		
货物或应税劳务、服务名称	规格型号	单位	数量	单价	金额	税率	税额
机床	HT98型	台	5	82 400.00	412 000.00	16%	65 920.00
合计					¥412 000.00		¥65 920.00
价税合计（大写）	⊗肆拾柒万柒仟玖佰贰拾元整				（小写）¥477 920.00		
销售方	名称：广州市重型机械公司 纳税人识别号：91510206316453201A 地址、电话：广州市江川路69号 56089420 开户行及账号：工商银行江川路办事处 382206981			备注	广州市重型机械公司 91510206316453201A 发票专用章		

收款人：黄愈发　　复核：　　开票人：杨若凡　　销售方（章）

第三联 发票联 购买方记账凭证

业务11-4-3

ICBC 中国工商银行　托收凭证（付款通知）　5

委托日期 2×18年12月4日　　付款期限 2×18年12月7日

业务类型	委托收款（☑邮划、□电划）　托收承付（□邮划、□电划）					
付款人	全称	光明市永春机械公司	收款人	全称	广州市重型机械公司	
	账号	230045006		账号	382206981	
	地址	省光明市 开户行 工行光支		地址	广东省广州市 开户行 工行江办	
金额	人民币（大写）	肆拾柒万柒仟玖佰贰拾元整		千百十万千百十元角分	¥ 4 7 7 9 2 0 0 0	
款项内容	货款	托收凭据名称	增值税专用发票	附寄单证张数	2	
商品发运情况			合同名称号码			
备注： 复核　记账		付款人开户银行签章 中国工商银行光明市支行 2×18年12月07日 转讫 2×18年12月7日	付款人注意： 1.根据支付结算办法，上列委托收款（托收承付）款项在付款期限内未提出拒付，即视为同意付款，以此代付款通知。 2.如需提出全部或部分拒付，应在规定期限内，将拒付理由书并附债务证明退交开户银行。			

此联为付款人开户银行给付款人的按期付款通知

业务11-4-4

固定资产交接（验收）单

2×18年12月7日　　　　金额单位：元

编号	名称	规格	型号	计量单位	数量	建造单位		备注
0512	机床		HT98型	台	5	广州市重型机械公司		
总价	买价	安装费	运杂费	包装费	其他	原值	预计年限	净残值率
	412 000					412 000	10年	5%
用途	生产用		使用部门		生产车间		已提折旧	
验收意见		合格，交付使用			验收人签章		陆新华	

财务主管：钱一凡　　制单：刘景明　　复核：高桂格

业务 12-3-1

光明市永春机械公司　产品出库单

购买方：兰州市明远机械公司　　2×18年12月7日　　仓库：成品库　编号：402

产品编号	规格	产品名称	计量单位	数量 应发	数量 实发	单位成本	金额	备注
（略）	（略）	A产品	台	150	150			对方自提
		B产品	台	150	150			

二 财务联

供销主管：卜发愁　保管员：甄仔细　记账：高桂格　制单：严尧秋

业务 12-3-2

光明增值税专用发票

No 15452153

3102184130　此联不作报销、扣税凭证使用　开票日期：2×18年12月7日

购买方	名　称：兰州市明远机械公司 纳税人识别号：91620120314956840A 地址、电话：兰州市新建路72号 3967001 开户行及账号：工商银行兰州市分行 680586004	密码区	（略）

货物或应税劳务、服务名称	规格型号	单位	数量	单价	金额	税率	税额
A产品		台	150	6 000.00	900 000.00	16%	144 000.00
B产品		台	150	4 000.00	600 000.00	16%	96 000.00
合计					¥1 500 000.00		¥240 000.00
价税合计（大写）	⊗壹佰柒拾肆万元整				（小写）¥1 740 000.00		

销售方	名　称：光明市永春机械公司 纳税人识别号：91310040213456070M 地址、电话：光明市建设路68号 98706543 开户行及账号：工商银行光明市支行 230045006	备注	收到对方签发的商业承兑汇票。

收款人：王进勇　复核：　开票人：刘富民　销售方（章）

第一联 记账联 销售方记账凭证

业务 12-3-3

商业承兑汇票 2

出票日期（大写）贰×壹捌年壹拾贰月零柒日　　00800393

付款人	全称	兰州市明远机械公司	收款人	全称	光明市永春机械公司
	账号	680586004		账号	230045006
	开户行	工商银行兰州市分行		开户行	工商银行光明市支行
出票金额	人民币（大写）	壹佰柒拾肆万元整	亿 千 百 十 万 千 百 十 元 角 分		¥ 1 7 4 0 0 0 0 0 0
汇票到期日（大写）		贰×壹玖年零肆月零柒日	付款人开户行	行号	380011457
交易合同号码				地址	兰州市明星路388号
本汇票已经承兑，到期无条件付款。承兑人签章　承兑日期：2×18年12月07日			本汇票请予以承兑，并于到期日付款。出票人签章		

此联持票人开户行随托收凭证寄付款人开户行作借方凭证附件

业务 13-3-1

光明市永春机械公司 报账（付款）审批单

部门：财务科　　　　2×18年12月7日

经手人	甄紫曦	事　由	发放工资
项目名称	金额（元）	付款（结算）方式	备注
应付职工薪酬	980 000.00	银行转账	上月实发工资为980 000元，直接转入职工个人银行卡
合　计	980 000.00		
单位负责人审批	财务主管	部门领导	出纳员
同意。 李永春	同意。 钱一凡		张理财

附单据 2 张

业务 13-3-2

ICBC 中国工商银行 电子转账凭证

币种：人民币　　委托日期 2×18年12月7日　　凭证编号：00278561

付款人	全　称	光明市永春机械公司	收款人	全　称	批量代付
	账　号	230045006		账　号	230045006
	汇出地点	光明市		地　址	光明市
汇出行名称		中国工商银行光明市支行	汇入行名称		中国工商银行光明市支行
金额	人民币（大写）玖拾捌万元整				
附加信息及用途	职工工资		支付密码		

亿	千	百	十	万	千	百	十	元	角	分
		¥	9	8	0	0	0	0	0	0

根据中国工商银行光明市永春机械公司客户120930号电子命令，上述款项已由本行支付。

客户经办人：1562　复核：　记账：

银行盖章

中国工商银行光明市支行 2×18年12月07日 转讫

第一联 客户回单

业务 13-3-3

特色业务中国工商银行批量代付成功清单

机构代码：91310040213456070M　　机构名称：工商银行光明市支行　　入账日期：2×18年12月7日

客户账号	姓　名	金　额
622024100005160341	（略）	（略）
622024100005160342	（略）	（略）
622024100005160343	（略）	（略）
622024100005160344	（略）	（略）
622024100005160345	（略）	（略）
（以下略）	（略）	（略）
合　计		980 000.00

中国工商银行光明市支行 2×18年12月07日 转讫

业务 14-2-1

中华人民共和国
税收专用缴款书

(2×18) 505 70525
光税缴

注册类型：有限责任公司　　填发日期：2×18年12月09日　　征收机关：光明市税务分局

缴款单位（人）			预算科目		
	代码	91310040213456070M		编码	
	全称	光明市永春机械公司		名称	增值税
	开户银行	工商银行光明市支行		级次	中央50%　地方50%
	账号	230045006	收款国库		光明市中心支库
税款所属时期		2×18年11月16日—30日	税款限缴日期		2×18年12月10日

品目名称	课税数量	计税金额或销售收入	税率或单位税额	已缴或扣除额	千	百	十	万	千	百	十	元	角	分
增值税			16%				3	0	0	0	0	0	0	0
金额合计	人民币（大写）叁拾万元整					¥	3	0	0	0	0	0	0	0

缴款单位（人）（盖章） 经办人（章）	税务机关（盖章） 填票人（章）	上列款项已收妥并划转收款单位账户 国库（银行）盖章 年 月 日	备注

逾期不缴按税法规定加收滞纳金

第一联（收据）国库（银行）收款盖章后退缴款单位（人）作完税凭证

业务提示

业务 14-2-2

中华人民共和国
税收专用缴款书

(2×18) 303 70323
光税缴

注册类型：有限责任公司　　填发日期：2×18年12月09日　　征收机关：光明市税务分局

缴款单位（人）			预算科目		
	代码	91310040213456070M		编码	
	全称	光明市永春机械公司		名称	
	开户银行	工商银行光明市支行		级次	
	账号	230045006	收款国库		光明市中心支库
税款所属时期		2×18年11月1日—30日	税款限缴日期		2×18年12月10日

品目名称	课税数量	计税金额或销售收入	税率或单位税额	已缴或扣除额	千	百	十	万	千	百	十	元	角	分
企业所得税		1 600 000	25%				4	0	0	0	0	0	0	0
城市维护建设税		600 000	7%					4	2	0	0	0	0	0
教育费附加		600 000	3%					1	8	0	0	0	0	0
金额合计	人民币（大写）肆拾陆万元整					¥	4	6	0	0	0	0	0	0

缴款单位（人）（盖章） 经办人（章）	税务机关（盖章） 填票人（章）	上列款项已收妥并划转收款单位账户 国库（银行）盖章 年 月 日	备注

逾期不缴按税法规定加收滞纳金

第一联（收据）国库（银行）收款盖章后退缴款单位（人）作完税凭证

业务15-3-1

光明市永春机械公司 报账（付款）审批单

部门：供销科

2×18年12月9日

经手人	鲍巩英	事由	支付购买机床款
项目名称	金额（元）	付款（结算）方式	备注
2号生产线工程	904 800.00	银行转账	直接交付安装，运费由销货方负担
合　计	904 800.00		
单位负责人审批	财务主管	部门领导	出纳员
同意。李永春	同意。钱一凡	同意。卜发愁	张理财

附单据2张

业务15-3-2

陕西增值税专用发票

发票联

6401184130　　No 15463862

开票日期：2×18年12月6日

购买方	名称：光明市永春机械公司 纳税人识别号：91310040213456070M 地址、电话：光明市建设路68号 98706543 开户行及账号：工商银行光明市支行 230045006	密码区	（略）				
货物或应税劳务、服务名称	规格型号	单位	数量	单价	金额	税率	税额
机床	BN69型	台	2	390 000.00	780 000.00	16%	124 800.00
合　计					¥780 000.00		¥124 800.00
价税合计（大写）	⊗玖拾万肆仟捌佰元整				（小写）¥904 800.00		
销售方	名称：西安市重型机械厂 纳税人识别号：91640106310453209A 地址、电话：西安市铜川路169号 56089001 开户行及账号：工商银行铜川路办事处 380046021	备注					

收款人：周志峰　　复核：　　开票人：杨白冰　　销售方（章）

第三联 发票联 购买方记账凭证

（印章：西安市重型机械厂 91640106310453209A 发票专用章）

业务15-3-3

ICBC 中国工商银行 托收凭证（付款通知） 5

委托日期2×18年12月6日　　付款期限2×18年12月9日

业务类型	委托收款（☑邮划、□电划）			托收承付（□邮划、□电划）			
付款人 全称	光明市永春机械公司			收款人 全称	西安市重型机械厂		
账号	230045006			账号	380046021		
地址	省光明市/县	开户行	工行光支	地址	陕西省西安市/县	开户行	工行铜办
金额 人民币（大写）	玖拾万肆仟捌佰元整				千百十万千百十元角分：¥ 9 0 4 8 0 0 0 0		
款项内容	设备款	托收凭据名称	增值税专用发票		附寄单证张数	2	
商品发运情况				合同名称号码			
备注： 复核　记账	付款人开户银行签章 2×18年12月9日			付款人注意： 1.根据支付结算办法，上列委托收款（托收承付）款项在付款期限内未提出拒付，即视为同意付款，以此代付款通知。 2.如需提出全部或部分拒付，应在规定期限内，将拒付理由书并附债务证明退交开户银行。			

此联为付款人开户银行给付款人的按期付款通知

（印章：中国工商银行光明市支行 2×18年12月09日 转讫）

业务 16-2-1

光明市永春机械公司 报账（付款）审批单

部门：财务科

2×18年12月9日

经手人	甄紫曦	事由	支付到期商业承兑汇票款
项目名称	金额（元）	付款（结算）方式	备注
应付票据	640 000.00	委托收款（付款通知）	
合 计	640 000.00		
单位负责人审批	财务主管	部门领导	出纳员
同意。 李永春	同意。 钱一凡		张理财

附单据 2 张

业务 16-2-2

ICBC 中国工商银行 托收凭证（付款通知） 5

委托日期2×18年12月9日　付款期限2×18年12月9日

业务类型	委托收款（☑邮划、☐电划） 托收承付（☐邮划、☐电划）							
付款人	全称	光明市永春机械公司		收款人	全称	广州市秋林机械公司		
	账号	230045006			账号	382246790		
	地址	省光明市/县	开户行 工行光支		地址	广东省广州市/县	开户行 工行天安	
金额	人民币（大写） 陆拾肆万元整			千百十万千百十元角分	¥ 6 4 0 0 0 0 0 0			
款项内容	货款	托收凭据名称	商业承兑汇票	附寄单证张数	1			
商品发运情况		合同名称号码						
备注：该商业承兑汇票到期日为2×18年12月9日 复核 记账		付款人开户银行签章 2×18年12月9日	付款人注意：1.根据支付结算办法，上列委托收款（托收承付）款项在付款期限内未提出拒付，即视为同意付款，以此代付款通知。2.如需提出全部或部分拒付，应在规定期限内，将拒付理由书并附债务证明退交开户银行。					

（印章：中国工商银行光明市支行 2×18年12月09日 转讫）

此联为付款人开户银行给付款人的按期付款通知

业务 17

ICBC 中国工商银行 借款借据（收账通知） 3

委托日期2×18年12月9日　借据编号：201849

存款人	全称	光明市永春机械公司	付款人	全称	中国工商银行光明市支行	
	账号	230045006		账号	38990042867	
	开户银行	中国工商银行光明市支行		开户银行	中国工商银行光明市支行	
借款金额	人民币（大写） 肆拾万元整			亿千百十万千百十元角分	¥ 4 0 0 0 0 0 0 0	
借款原因及用途	经营资金周转借款	借款年利率	7.20%	借款期限	2×18.12.01—2×19.06.30	

根据授信额度及你单位的借款用途，上列借款已转入你单位结算账户内。

此致

银行签章

（印章：中国工商银行光明市支行 2×18年12月09日 转讫）

此联是收款人开户银行交给收款人的收账通知

业务 18-3-1

光明市永春机械公司 报账（付款）审批单

部门：办公室　　2×18年12月11日

经手人	焦吉华	事　由	支付车间房屋修理费
项目名称	金额（元）	付款（结算）方式	备注
房屋修缮费	148 400.00	转账支票	
合　计	148 400.00		
单位负责人审批	财务主管	部门领导	出纳员
同意。李永春	同意。钱一凡	同意。赵婉茹	张理财

附单据 2 张

业务 18-3-2

光明增值税专用发票

3102184130　　No 31804029

开票日期：2×18年12月11日

购买方	名称：光明市永春机械公司 纳税人识别号：91310040213456070M 地址、电话：光明市建设路 68 号 98706543 开户行及账号：工商银行光明市支行 230045006			密码区	（略）		
货物或应税劳务、服务名称	规格型号	单位	数量	单价	金额	税率	税额
车间房屋修缮费					140 000.00	6%	8 400.00
合　计					¥140 000.00		¥8 400.00
价税合计（大写）	⊗壹拾肆万捌仟肆佰元整				（小写）¥148 400.00		
销售方	名称：光明市方正建筑公司 纳税人识别号：91310112784668212A 地址、电话：光明市建设路 12 号 34569519 开户行及账号：工商银行光明市支行 230051441			备注			

收款人：高晓东　　复核：　　开票人：白玫瑰　　销售方（章）

第三联 发票联 购买方记账凭证

（印章：全国统一发票监制章 光明市 国家税务总局监制；光明市方正建筑公司 91310112784668212A 发票专用章）

业务 18-3-3

ICBC 中国工商银行 转账支票存根

支票号码 18203133

附加信息

出票日期：2×18年12月11日

收款人：	光明市方正建筑公司
金　额：	148 400.00
用　途：	修缮费

单位主管：李永春　　会计：高桂格

（印章：光明市永春……财务……）

业务 19-3-1

光明市永春机械公司　差旅费报销单

报销日期：2×18 年 12 月 11 日　　附单据 4 张

姓名			鲍巩英			出差事由		参加西安市新产品展销会				
起程日期及地点			到达日期及地点			交通工具	车船费	出差补助		住宿费		金额合计
月	日	地点	月	日	地点			天	金额	价款	税额	
12	3	光明	12	3	西安	飞机	1 000.00	5	900.00	2 000.00	120.00	4 020.00
12	7	西安	12	7	光明	飞机	1 000.00					1 000.00
合计							2 000.00		900.00	2 000.00	120.00	5 020.00
实报金额	（大写）伍仟零贰拾元整　¥5 020.00							预借金额		应补金额	应退金额	
								5 500.00			480.00	

财务主管：钱一凡　　出差人：鲍巩英　　出纳：张理财

提示与说明：“差旅费报销单”后面应附的发票单证有飞机票、保险费发票、增值税专用发票（发票联）等4张单据，为减少篇幅，本教材仅提供1张增值税专用发票（发票联），其余从略。

业务 19-3-2

陕西增值税专用发票

发票联（陕西省 国家税务总局监制）

No 15464860

6401184130　　开票日期：2×18年12月7日

购买方	名称：光明市永春机械公司 纳税人识别号：91310040213456070M 地址、电话：光明市建设路68号 98706543 开户行及账号：工商银行光明市支行 230045006				密码区	（略）		
货物或应税劳务、服务名称	规格型号	单位	数量	单价	金额	税率	税额	
住宿费		天	4	500.00	2 000.00	6%	120.00	
合计					¥2 000.00		¥120.00	
价税合计（大写）	⊗贰仟壹佰贰拾元整					（小写）¥2 120.00		
销售方	名称：西安市国豪大酒店 纳税人识别号：916401063014547 85A 地址、电话：西安市外环路169号 68089093 开户行及账号：工商银行外环路办事处 380040890				备注			

第三联　发票联　购买方记账凭证

收款人：周前进　　复核：　　开票人：杨灿烂　　销售方（章）：西安市国豪大酒店 916401063014547 85A 发票专用章

业务 19-3-3

光明市永春机械公司　内部收据

2×18年12月11日　　编号:2×181230

今　收　到

鲍巩英　交来　出差借款剩余款

人民币(大写) 肆佰捌拾元整　¥:480.00

（现金收讫）

备注:

第二联　记账联

记账：高桂格　　出纳：张理财　　制单：艾志丹

业务 20

ICBC 中国工商银行　电汇凭证（收账通知）4

☑ 普通　☐加急　　委托日期 2×18年12月13日

汇款人	全称	昆明市金花机械公司	收款人	全称	光明市永春机械公司
	账号	280500004		账号	230045006
	开户银行	工商银行昆明市支行		开户银行	工商银行光明市支行
金额	人民币（大写）	贰佰陆拾万元整		亿 千 百 十 万 千 百 十 元 角 分	¥ 2 6 0 0 0 0 0 0 0
此汇款已收入收款人账户。		汇入行签章		支付密码	
				附加信息及用途：偿还前欠永春机械公司的货款。	
				复核：　记账：	2×18年12月13日

中国工商银行光明市支行 2×18年12月13日 转讫

此联为给收款人的收账通知

业务 21-3-1

光明市永春机械公司　领料单

领料单位：生产车间　　2×18年12月13日　　编号：204　仓库：原料库

材料类别	材料编号	名称及规格	计量单位	数量 请领	数量 实发	单价	金额	领料用途
（略）	（略）	甲材料	千克	2 100	2 100			生产A产品
		乙材料	千克	2 500	2 500			
		丙材料	千克	800	800			

车间主管：高安全　保管员：特认真　记账：高桂格　制单：艾志丹

二 财务联

业务 21-3-2

光明市永春机械公司　领料单

领料单位：生产车间　　2×18年12月13日　　编号：205　仓库：原料库

材料类别	材料编号	名称及规格	计量单位	数量 请领	数量 实发	单价	金额	领料用途
（略）	（略）	甲材料	千克	2 000	2 000			生产B产品
		乙材料	千克	3 100	3 100			

车间主管：高安全　保管员：特认真　记账：高桂格　制单：艾志丹

二 财务联

业务21-3-3

光明市永春机械公司 领料单

编号：206

领料单位：供销科 2×18年12月13日 仓库：原料库

材料类别	材料编号	名称及规格	计量单位	数量		单价	金额	领料用途
				请领	实发			
（略）	（略）	丙材料	千克	1 100	1 100			产品销售包装

二 财务联

车间主管：高安全 保管员：特认真 记账：高桂格 制单：艾志丹

业务22

ICBC 中国工商银行 现金支票存根

支票号码 18103120

附加信息

出票日期：2×18年12月13日

收款人：	光明市永春机械公司
金额：	6 000.00
用途：	备用

单位主管：李永春 会计：高桂格

光明市永春……财务……

业务23

ICBC 中国工商银行 托收凭证（收账通知） 4

委托日期2×18年12月11日 付款期限2×18年12月13日

业务类型	委托收款（□邮划、☑电划） 托收承付（□邮划、□电划）			
付款人 全称	兰州市明远机械公司	收款人 全称	光明市永春机械公司	
付款人 账号	680586004	收款人 账号	230045006	
付款人 地址	甘肃省兰州市/县 开户行：工行兰分	收款人 地址	省光明市/县 开户行：工行光支	
金额 人民币（大写）	玖拾捌万伍仟元整		¥985 000.00	
款项内容	货款	托收凭据名称	商业承兑汇票	附寄单证张数 1
商品发运情况		合同名称号码		

亿	千	百	十	万	千	百	十	元	角	分
		¥	9	8	5	0	0	0	0	0

备注：
该商业承兑汇票到期日为2×18年12月13日

复核 记账

上列款项已划回收入你方账户内。

中国工商银行光明市支行 2×18年12月13日 转讫

收款人开户银行签章
2×18年12月13日

此联付款人开户行凭以汇款或收款人开户行作收账通知

业务24-3-1

光明市永春机械公司 报账（付款）审批单

部门：办公室　　2×18年12月13日

经手人	焦吉华	事　由	为各车间部门购办公用品
项目名称	金额（元）	付款（结算）方式	备　注
办公费	5 220.00	库存现金	各车间、部门直接领用
合　计	5 220.00		
单位负责人审批	财务主管	部门领导	出纳员
同意。李永春	同意。钱一凡	同意。赵婉茹	张理财

现金付讫

附单据2张

业务24-3-2

光明增值税专用发票

№ 30853462

3100184130　　发票联　　开票日期：2×18年12月13日

购买方　名　称：光明市永春机械公司
纳税人识别号：91310040213456070M
地址、电话：光明市建设路68号 98706543
开户行及账号：工商银行光明市支行 230045006

密码区：（略）

货物或应税劳务、服务名称	规格型号	单位	数　量	单　价	金　额	税率	税　额
复印纸		箱	10	80.00	800.00	16%	128.00
移动硬盘		个	8	400.00	3 200.00	16%	512.00
文件夹		个	25	20.00	500.00	16%	80.00
合　计					¥4 500.00		¥720.00

价税合计（大写）⊗伍仟贰佰贰拾元整　（小写）¥5 220.00

销售方　名　称：光明市文苑文化用品公司
纳税人识别号：91310138241678215A
地址、电话：光明市天苑路28号 71089420
开户行及账号：工商银行天苑路办事处 236390070

备注：（光明市文苑文化用品公司 91310138241678215A 发票专用章）

收款人：郭大光　复核：　开票人：张清远　销售方（章）

第三联 发票联 购买方记账凭证

业务24-3-3

办公用品领用及费用分配表

2×18年12月13日　　金额单位：元

领用部门	复印纸		移动硬盘		文件夹		金额合计	签　字
	数量	金额	数量	金额	数量	金额		
生产车间	2	160.00	2	800.00	2	40.00	1 000.00	高安全
企业管理部门	8	640.00	6	2 400.00	23	460.00	3 500.00	赵婉茹
合　计	10	800.00	8	3 200.00	25	500.00	4 500.00	

备注：办公用品直接交付各车间、部门使用。

财务主管：钱一凡　　制单：严尧秋　　记账：高桂格

业务25

ICBC 中国工商银行　现金缴款单

委托日期2×18年12月13日　　　　序号：

客户填写部分	收款人户名		光明市永春机械公司						
	收款人账号		230045006			收款人开户行	工商银行光明市支行		
	缴款人		张理财			款项来源	备用金		
	币种	人民币☑ 外币☐	大写：壹仟贰佰陆拾元整				百十万千百十元角分	¥126000	
	券别	100元	50元	20元	10元	5元	2元	1元	辅币(金额)	封包(金额)
	张数	10	4		6					
银行打印	上述款项已入账，请核对与银行打印信息一致。								

中国工商银行光明市支行 2×18年12月13日 转讫

(银行打印有效)　　　　收款人：王大忠

第二联 收款人入账通知

业务26

无法支付应付款项确认单

2×16年11月入账的应付唐山华远钢铁厂的货款55 597元，经当地工商管理部门确认，该公司已于1年前破产清算完毕。因此，该款项已无法支付，经公司董事会讨论决定，将该款项作为营业外收入处理。

情况属实，同意。　　钱一凡

2×18年12月15日

财务主管：钱一凡　　制单：刘景明　　记账：高桂格

业务27

光明市永春机械公司　领料单

编号：207

领料单位：生产车间　　2×18年12月15日　　仓库：原料库

材料类别	材料编号	名称及规格	计量单位	数量		单价	金额	领料用途
				请领	实发			
（略）	（略）	甲材料	千克	704	704			生产车间一般性消耗
		丙材料	千克	200	200			

二 财务联

车间主管：高安全　　保管员：特认真　　记账：高桂格　　制单：艾志丹

实操二　12月16—31日日常会计交易或事项的原始凭证及业务提示

业务28-4-1

光明市永春机械公司　报账（付款）审批单

部门：办公室　　　　2×18年12月17日

经手人	焦吉华	事由	结算2号生产线安装费
项目名称	金额（元）	付款（结算）方式	备注
2号生产线工程	15 950.00	转账支票	
合　计	15 950.00		
单位负责人审批	财务主管	部门领导	出纳员
同意。李永春	同意。钱一凡	同意。赵婉茹	张理财

附单据2张

业务28-4-2

光明增值税专用发票

发票联（光明市 国家税务总局监制）

3102184130　　　　No 31804023

开票日期：2×18年12月17日

购买方	名称：光明市永春机械公司 纳税人识别号：91310040213456070M 地址、电话：光明市建设路68号 98706543 开户行及账号：工商银行光明市支行 230045006				密码区	（略）		
货物或应税劳务、服务名称	规格型号	单位	数量	单价	金额	税率	税额	
安装费					14 500.00	10%	1 450.00	
合　计					¥14 500.00		¥1 450.00	
价税合计（大写）	⊗壹万伍仟玖佰伍拾元整					（小写）¥15 950.00		
销售方	名称：光明市晋源安装公司 纳税人识别号：91310112784788931A 地址、电话：光明市新建路108号 98569627 开户行及账号：工行光明市支行 230051792				备注	光明市晋源安装公司 91310112784788931A 发票专用章		

收款人：尚高欢　　复核：　　开票人：张福康　　销售方（章）

第三联　发票联　购买方记账凭证

业务28-4-3

ICBC 中国工商银行　转账支票存根

支票号码 18203134

附加信息

出票日期：2×18年12月17日

收款人：	光明市晋源安装公司
金　额：	15 950.00
用　途：	支付安装费

单位主管：李永春　　会计：高桂格

业务28-4-4

固定资产交接(验收)单

2×18年12月17日　　　　金额单位：元

编号	名称	规格	型号	计量单位	数量	建造单位		备注
0512	机床		BN69型	台	2	西安市重型机械厂		
总价	买价	安装费	运杂费	包装费	其他	原值	预计年限	净残值率
	780 000	14 500			100 000	894 500	10年	5%
用途	生产用		使用部门		生产车间		已提折旧	
验收意见		合格，交付使用			验收人签章		陆新华	

财务主管：钱一凡　　制单：刘景明　　复核：高桂格

业务29-2-1

光明增值税专用发票

3102184130　　　　No 15456860

发票联

开票日期：2×18年12月17日

购买方	名　　称：光明市永春机械公司 纳税人识别号：91310040213456070M 地 址、电 话：光明市建设路68号 98706543 开户行及账号：工商银行光明市支行 230045006				密码区	（略）		
货物或应税劳务、服务名称	规格型号	单位	数　量	单　价	金　额	税率	税　额	
丙材料		千克	3 000	90.00	270 000.00	16%	43 200.00	
合　计					¥270 000.00		¥43 200.00	
价税合计（大写）	⊗叁拾壹万叁仟贰佰元整					（小写）¥313 200.00		
销售方	名　　称：光明市鸿运机械公司 纳税人识别号：91310206314853260A 地 址、电 话：光明市大同街20号 98029160 开户行及账号：建设银行光明分行 560046120				备注	与对方商妥，货款开下月支付。		

货款未付

收款人：赵发光　　复核：　　开票人：李有财　　销售方（章）

第三联　发票联　购买方记账凭证

业务29-2-2

光明市永春机械公司　收料单

编号：105

供货单位：光明市鸿运机械公司　　2×18年12月17日　　仓库：原材料库

材料类别	材料编号	名称及规格	计量单位	数量		实际成本（元）			
				应收	实收	发票价格	采购费用	合计	单价
（略）	（略）	丙材料	千克	3 000	3 000	270 000		270 000	90
合　计									

二　财务联

供销主管：卜发愁　　保管员：特认真　　记账：高桂格　　制单：艾志丹

业务30

光明市永春机械公司 产品入库单

交库单位：生产车间　　2×18年12月17日　　仓库：成品库　编号：302

产品编号	规格	产品名称	计量单位	数量		单位成本	总成本	备注
				送检	实收			
（略）	（略）	A产品	台	300	300			完工入库
		B产品	台	400	400			

二 财务联

车间主管：高安全　保管员：甄仔细　记账：高桂格　制单：严尧秋

业务31-2-1

光明增值税专用发票

№ 15452154

3102184130　　此联不作报销、扣税凭证使用　　开票日期：2×18年12月19日

购买方　名称：广州市宏图机械公司
纳税人识别号：91510320310024838A
地址、电话：广州市滨江路82号 52670480
开户行及账号：工商银行广州分行 580018004

密码区：（略）

货物或应税劳务、服务名称	规格型号	单位	数量	单价	金额	税率	税额
A产品		台	100	6 000.00	600 000.00	16%	96 000.00
B产品		台	100	4 000.00	400 000.00	16%	64 000.00
合计					￥1 000 000.00		￥160 000.00
价税合计（大写）	⊗壹佰壹拾陆万元整				（小写）￥1 160 000.00		

货款未收

销售方　名称：光明市永春机械公司
纳税人识别号：91310040213456070M
地址、电话：光明市建设路68号 98706543
开户行及账号：工商银行光明市支行 230045006

备注：（光明市永春机械公司 91310040213456070M 发票专用章）

收款人：王进勇　复核：　开票人：刘富民　销售方（章）

第一联　记账联　销售方记账凭证

业务31-2-2

光明市永春机械公司 产品出库单

购买方：广州市宏图机械公司　　2×18年12月19日　　仓库：成品库　编号：403

产品编号	规格	产品名称	计量单位	数量		单位成本	金额	备注
				应发	实发			
（略）	（略）	A产品	台	100	100			货物由对方自提
		B产品	台	100	100			

二 财务联

供销主管：卞发愁　保管员：甄仔细　记账：高桂格　制单：严尧秋

业务 32-3-1

光明市永春机械公司 产品出库单

购买方：兰州市明远机械公司　　2×18年12月19日　　仓库：成品库　编号：404

产品编号	规格	产品名称	计量单位	数量：应发	数量：实发	单位成本	金额	备注
（略）	（略）	A产品	台	100	100			购买方自提货物
		B产品	台	100	100			

二 财务联

供销主管：卜发愁　保管员：甄仔细　记账：高桂格　制单：严尧秋

业务 32-3-2

光明增值税专用发票

No 15452155

3102184130　此联不作报销、扣税凭证使用　开票日期：2×18年12月19日

购买方	名　　称：兰州市明远机械公司 纳税人识别号：91620120314956840A 地 址、电 话：兰州市新建路72号 3967001 开户行及账号：工商银行兰州市分行 680586004			密码区	（略）		
货物或应税劳务、服务名称	规格型号	单位	数量	单价	金额	税率	税额
A产品 B产品		台 台	100 100	6 000.00 4 000.00	600 000.00 400 000.00	16% 16%	96 000.00 64 000.00
合　计					¥1 000 000.00		¥160 000.00
价税合计（大写）	⊗壹佰壹拾陆万元整				（小写）¥1 160 000.00		
销售方	名　　称：光明市永春机械公司 纳税人识别号：91310040213456070M 地 址、电 话：光明市建设路68号 98706543 开户行及账号：工商银行光明市支行 230045006			备注	收到对方签发的商业承兑汇票。		

收款人：王进勇　复核：　开票人：刘富民　销售方（章）

第一联 记账联 销售方记账凭证

业务 32-3-3

商业承兑汇票 2

出票日期（大写）：贰×壹捌年壹拾贰月壹拾玖日　　00800394

付款人	全称	兰州市明远机械公司	收款人	全称	光明市永春机械公司
	账号	680586004		账号	230045006
	开户行	工商银行兰州市分行		开户行	工商银行光明市支行
出票金额	人民币（大写）	壹佰壹拾陆万元整	亿千百十万千百十元角分		¥116000000
汇票到期日（大写）	贰×壹玖年零肆月壹拾玖日		付款人开户行	行号	380011457
交易合同号码				地址	兰州市明星路388号
本汇票已经承兑，到期无条件付款。 承兑人签章 承兑日期：2×18年12月19日			本汇票请予以承兑，并于到期日付款。 出票人签章		

此联持票人开户行随托收凭证寄付款人开户行作借方凭证附件

复印件与原件核对一致

业务 33-2-1

光明市永春机械公司 报账（付款）审批单

部门：财务科

2×18年12月19日

经手人	甄紫曦	事　由	缴纳增值税和房产税
项目名称	金额（元）	付款（结算）方式	备注
应交增值税	93 300.00	电子缴税付款平台	缴纳上半月应交增值税和第四季度应交房产税
应交房产税	46 200.00	电子缴税付款平台	
合　计	139 500.00		
单位负责人审批	财务主管	部门领导	出纳员
同意。 李永春	同意。 钱一凡		张理财

附单据 1 张

业务 33-2-2

ICBC 中国工商银行 电子缴税付款凭证

委托日期 2×18年12月19日　　凭证字号：02567256

纳税人全称及纳税人识别号：光明市永春机械公司 91310040213456070M

付款人全称：光明市永春机械公司

付款人账号：230045006　　征收机关名称：光明市税务分局

付款人开户银行：工商银行光明市支行　　收款国库（银行）名称：国家金库光明市支库

小写(合计)金额：¥139 500.00　　缴款书交易流水号：9131136512M

大写(合计)金额：人民币壹拾叁万玖仟伍佰元整　　税票号码：127159191070216812

税费种名称	所属时期	实缴金额
增值税	2×18-12-01—2×18-12-15	¥93 300.00
房产税	2×18-10-01—2×18-12-31	¥46 200.00
合计		¥139 500.00
第一次打印	打印时间：2×18-12-19	

中国工商银行光明市支行 2×18年12月19日 转讫

复核：李鼎旺　　记账：药景明

第二联 作付款回单

业务 34-3-1

光明市永春机械公司 报账（付款）审批单

部门：供销科

2×18年12月19日

经手人	鲍巩英	事　由	购料冲销预付货款
项目名称	金额（元）	付款（结算）方式	备注
材料采购	928 000.00	冲销预付账款	上月已预付货款928 000元，实际结算928 000元
合　计	928 000.00		
单位负责人审批	财务主管	部门领导	出纳员
同意。 李永春	同意。 钱一凡	同意。 卜发愁	

附单据 2 张

业务 34-3-2

光明市永春机械公司　收料单

编号：106

供货单位：武汉市远程机械公司　　2×18年12月19日　　仓库：原料库

材料类别	材料编号	名称及规格	计量单位	数量		实际成本（元）			
				应收	实收	发票价格	采购费用	合计	单价
（略）	（略）	甲材料	千克	8 000	8 000	800 000		800 000	100
合　计									

二 财务联

供销主管：卜发愁　　保管员：特认真　　记账：高桂格　　制单：艾志丹

业务 34-3-3

湖北增值税专用发票

No 15452132

湖北省 发票联 国家税务总局监制

4202184130　　开票日期：2×18年12月16日

购买方　名　　称：光明市永春机械公司
纳税人识别号：91310040213456070M
地 址、电 话：光明市建设路68号 98706543
开户行及账号：工商银行光明市支行 230045006

密码区：（略）

货物或应税劳务、服务名称	规格型号	单位	数量	单价	金额	税率	税额
甲材料		千克	8 000	100.00	800 000.00	16%	128 000.00
合　计					¥800 000.00		¥128 000.00
价税合计（大写）	⊗玖拾贰万捌仟元整					（小写）	¥928 000.00

冲销预付账款

销售方　名　　称：武汉市远程机械公司
纳税人识别号：91420106316454856A
地 址、电 话：武汉市三环路136号 45608942
开户行及账号：工商银行三环路办事处 382246790

备注：（武汉市远程机械公司 91420106316454856A 发票专用章）

收款人：黄锦溪　　复核：　　开票人：孙大光　　销售方（章）

第三联 发票联 购买方记账凭证

业务 35-2-1

光明市永春机械公司　报账（付款）审批单

部门：财务科　　2×18年12月19日

经手人	甄紫曦	事　由	偿还前欠货款
项目名称	金额（元）	付款（结算）方式	备注
应付账款	294 400.00	转账支票	偿还欠本市鸿运公司货款（上月190000元和本月104400元）
合　计	294 400.00		
单位负责人审批	财务主管	部门领导	出纳员
同意。李永春	同意。钱一凡		张理财

附单据1张

业务提示

业务35-2-2

ICBC 中国工商银行 转账支票存根

支票号码18203135

附加信息

出票日期：2×18年12月19日

收款人：	光明市鸿运机械公司
金额：	294 400.00
用途：	偿还前欠货款

单位主管：李永春　　会计：高桂格

业务36

ICBC 中国工商银行 收费凭单

交易时间：2×18-12-19　09:26:43
客户名称：光明市永春机械公司
缴费账号：230045006　　序号：
缴费方式：转账　　币种：人民币
实缴金额：100.00

缴费明细

序号	实缴金额	收费种类名称
1	50.00	转账支票工本费
2	50.00	现金支票工本费

交易网点：0725　　交易柜员：d638

中国工商银行光明市支行 2×18.12.19 业务办讫(03)章

邵复月

客户回单

业务37-2-1

光明增值税专用发票

光明市 发票联

No 15459861

3102184130

开票日期：2×18年12月21日

购买方	名称：光明市永春机械公司 纳税人识别号：91310040213456070M 地址、电话：光明市建设路68号 98706543 开户行及账号：工商银行光明市支行 230045006			密码区	（略）		
货物或应税劳务、服务名称	规格型号	单位	数量	单价	金额	税率	税额
水费		m^3	4 000	5.00	20 000.00	10%	2 000.00
合计					¥20 000.00		¥2 000.00
价税合计（大写）	⊗贰万贰仟元整				（小写）¥22 000.00		
销售方	名称：光明市供水公司 纳税人识别号：913106063522232ABE 地址、电话：光明市临港路185号 98024626 开户行及账号：工商银行临港路办事处 384567790			备注	光明市供水公司 913106063522232ABE 发票专用章		

收款人：吴梅花　　复核：　　开票人：商永康　　销售方（章）

第三联 发票联 购买方记账凭证

业务 37-2-2

ICBC 中国工商银行　同城特约托收凭证（付款通知）　5

委托日期 2×18年12月21日　　流水号：002185462

付款人	全　称	光明市永春机械公司	收款人	全　称	光明市供水公司
	账号或地址	230045006		账号或地址	384567790
	开户行	工行光支		开户行	工行临港办
委收金额	人民币（大写）	贰万贰仟元整		亿千百十万千百十元角分	￥2200000
款项内容	水费	合同号		托收凭据名称：增值税专用发票	单证张数：1
备注：付款人开户银行收到日期为 2×18年12月21日　复核　记账		付款人开户银行签章　2×18年12月21日		付款人注意：1. 上列款项为"见票即付"。2. 上列款项如有误，请与收款单位协商解决。	

此联交付款人作付款通知

（印章：中国工商银行光明市支行　2×18年12月21日　转讫）

业务 38-2-1

ICBC 中国工商银行计收借款利息单（付款通知）

委托日期 2×18年12月21日　　借据号 9821201228011501

客户号	3001356088	结算账号	230045006	单位名称	光明市永春机械公司
计息类型	经营周转借款	计息起讫日期	2×18.09.21 至 2×18.12.20		
正常本金/积数	288 000 000.00	利率	0.7%/月	利息	67 200.00
逾期本金/积数		利率		利息	
欠息/积数		利率		利息	
利息金额合计	人民币（大写）陆万柒仟贰佰元整	￥67 200.00			

银行盖章：　　复核：

客户联

（印章：中国工商银行光明市支行　2×18年12月21日　转讫）

业务 38-2-2

ICBC 中国工商银行计付存款利息单（收账通知）

委托日期 2×18年12月21日

客户号	3001356088	结算账号	230045006	单位名称	光明市永春机械公司
计息类型	活期存款	计息起讫日期	2×18.09.21 至 2×18.12.20		
正常本金/积数	540 000 000.00	利率	0.4%/年	利息	6 000.00
逾期本金/积数		利率		利息	
欠息/积数		利率		利息	
利息金额合计	人民币（大写）陆仟元整	￥6 000.00			

银行盖章：　　复核：

客户联

（印章：中国工商银行光明市支行　2×18年12月21日　转讫）

业务 39-2-1

ICBC 中国工商银行 同城特约托收凭证（付款通知） 5

委托日期 2×18年12月21日　　　　流水号：0021854671

付款人	全称	光明市永春机械公司	收款人	全称	光明市供电公司
	账号或地址	230045006		账号或地址	230030487
	开户行	工行光支		开户行	工行南办
委收金额	人民币（大写）	贰拾柒万陆仟零捌拾元整		亿 千 百 十 万 千 百 十 元 角 分	¥ 2 7 6 0 8 0 0 0
款项内容	电费	合同号		托收凭据名称	增值税专用发票
单证张数	1				

备注：付款人开户行收到日期为 2×18年12月21日

复核　记账

付款人开户银行签章　2×18年12月21日

（章：中国工商银行光明市支行 2×18年12月21日 转讫）

付款人注意：
1. 上列款项为"见票即付"。
2. 上列款项如有误，请与收款单位协商解决。

此联交付款人作付款通知

业务 39-2-2

光明增值税专用发票

No 15459063

3102184130　　　　开票日期：2×18年12月21日

（监制章：光明市 发票联 国家税务总局监制）

购买方	名称：光明市永春机械公司 纳税人识别号：91310040213456070M 地址、电话：光明市建设路68号 98706543 开户行及账号：工商银行光明市支行 230045006			密码区	（略）		
货物或应税劳务、服务名称	规格型号	单位	数量	单价	金额	税率	税额
电费		度	297 500	0.80	238 000.00	16%	38 080.00
合计					¥238 000.00		¥38 080.00
价税合计（大写）	⊗贰拾柒万陆仟零捌拾元整				（小写）¥276 080.00		
销售方	名称：光明市供电公司 纳税人识别号：913105063522NAH829 地址、电话：光明市虹桥路285号 66024626 开户行及账号：工商银行南大办事处 230030487			备注			

收款人：吴伟宏　　复核：　　开票人：张定国　　销售方（章）

（章：光明市供电公司 913105063522NAH829 发票专用章）

第三联 发票联 购买方记账凭证

业务 40-3-1

光明市永春机械公司 产品出库单

仓库：成品库

购买方：昆明市金花机械公司　　2×18年12月23日　　编号：405

产品编号	规格	产品名称	计量单位	数量 应发	数量 实发	单位成本	金额	备注
（略）	（略）	A产品	台	200	200			货物由对方自提
		B产品	台	300	300			

二 财务联

供销主管：卜发愁　　保管员：甄仔细　　记账：高桂格　　制单：严尧秋

业务 40-3-2

光明增值税专用发票

№ 15452156

3102174130

此联不作报销、扣税凭证使用

开票日期：2×18年12月23日

购买方	名　　称：昆明市金花机械公司 纳税人识别号：91650120314953538A 地 址、电 话：昆明市航空路172号 21074666 开户行及账号：工商银行昆明市支行 280500004			密码区	（略）		
货物或应税劳务、服务名称	规格型号	单位	数　量	单　价	金　额	税率	税　额
A产品		台	200	6 000.00	1 200 000.00	16%	192 000.00
B产品		台	300	4 000.00	1 200 000.00	16%	192 000.00
合　计					¥2 400 000.00		¥384 000.00
价税合计（大写）	⊗贰佰柒拾捌万肆仟元整				（小写）¥2 784 000.00		
销售方	名　　称：光明市永春机械公司 纳税人识别号：91310040213456070M 地 址、电 话：光明市建设路68号 98706543 开户行及账号：工商银行光明市支行 230045006			备注	已经办妥银行托收手续。 合同规定货物由购买方自提。		

收款人：王进勇　　复核：　　开票人：刘富民　　销售方（章）

光明市永春机械公司 91310040213456070M 发票专用章

第一联 记账联 销售方记账凭证

业务 40-3-3

ICBC 中国工商银行　托收凭证（受理回单）　1

委托日期 2×18年12月23日

业务类型	委托收款（☑邮划、□电划）　托收承付（□邮划、□电划）						
付款人	全　称	昆明市金花机械公司		收款人	全　称	光明市永春机械公司	
	账　号	280500004			账　号	230045006	
	地　址	云南省昆明市/县	开户行 工行昆支		地　址	省光明市/县	开户行 工行光支
金额	人民币（大写）	贰佰柒拾捌万肆仟元整			亿 千 百 十 万 千 百 十 元 角 分	¥ 2 7 8 4 0 0 0 0 0	
款项内容	货款	托收凭据名称	增值税专用发票		附寄单证张数	2	
商品发运情况					合同名称号码		
备注： 复核　记账		款项收妥日期 年　月　日			收款人开户银行签章 年　月　日		

中国工商银行光明市支行 2×18年12月28日 受理

此联作收款人开户银行给收款人的受理回单

业务 41-3-1

光明市永春机械公司　领料单

编号：208

领料单位：生产车间　　2×18年12月23日　　仓库：原料库

材料类别	材料编号	名称及规格	计量单位	数量 请领	数量 实发	单价	金额	领料用途
（略）	（略）	甲材料	千克	4 170	4 170			生产A产品
		乙材料	千克	1 500	1 500			
		丙材料	千克	1 000	1 000			

车间主管：高安全　　保管员：特认真　　记账：高桂格　　制单：艾志丹

二 财务联

业务提示

业务 41-3-2

光明市永春机械公司　领料单

领料单位：生产车间　　　2×18年12月23日　　　编号：209　仓库：原料库

材料类别	材料编号	名称及规格	计量单位	数量 请领	数量 实发	单价	金额	领料用途
（略）	（略）	甲材料	千克	1 495	1 495			生产B产品
		乙材料	千克	3 000	3 000			

二 财务联

车间主管：高安全　保管员：特认真　记账：高桂格　制单：艾志丹

业务 41-3-3

光明市永春机械公司　领料单

领料单位：供销科　　　2×18年12月23日　　　编号：210　仓库：原料库

材料类别	材料编号	名称及规格	计量单位	数量 请领	数量 实发	单价	金额	领料用途
（略）	（略）	丙材料	千克	1 500	1 500			产品销售包装

二 财务联

车间主管：高安全　保管员：特认真　记账：高桂格　制单：艾志丹

业务 42

ICBC 中国工商银行　托收凭证（收账通知）　4

委托日期 2×18年12月21日　　付款期限 2×18年12月23日

业务类型	委托收款（☑邮划、☐电划）　托收承付（☐邮划、☐电划）				
付款人 全称	兰州市明远机械公司		收款人 全称	光明市永春机械公司	
付款人 账号	680586004		收款人 账号	230045006	
付款人 地址	甘肃省兰州市/县	开户行：工行兰分	收款人 地址	省光明市/县	开户行：工行光支
金额 人民币（大写）	壹佰陆拾伍万伍仟元整		亿千百十万千百十元角分	¥ 1 6 5 5 0 0 0 0 0 0	
款项内容	货款	托收凭据名称	商业承兑汇票	附寄单证张数	1
商品发运情况			合同名称号码		
备注：该商业承兑汇票到期日为2×18年12月23日　复核　记账			上列款项已划回收入你方账户内。收款人开户银行签章 2×18年12月23日		

（印章：中国工商银行光明市支行 2×18年12月23日 转讫）

此联付款人开户行凭以汇款或收款人开户银行作收账通知

业务 43-3-1

光明市永春机械公司 报账（付款）审批单

部门：办公室　　2×18年12月25日

经手人	焦吉华	事　由	支付职工体检费
项目名称	金额（元）	付款（结算）方式	备注
应付职工薪酬	127 200.00	转账支票	
合　计	127 200.00		
单位负责人审批	财务主管	部门领导	出纳员
同意。 李永春	同意。 钱一凡	同意。 赵婉茹	张理财

附单据2张

业务 43-3-2

光明增值税普通发票

发票联

No 15452062

3102184130　　开票日期：2×18年12月25日

购买方	名　称：光明市永春机械公司 纳税人识别号：91310040213456070M 地 址、电 话：光明市建设路68号 98706543 开户行及账号：工商银行光明市支行 230045006			密码区	（略）		
货物或应税劳务、服务名称	规格型号	单位	数　量	单　价	金　额	税率	税　额
体检费		人/次	120	1 000.00	120 000.00	6%	7 200.00
合　计					¥120 000.00		¥7 200.00
价税合计（大写）	⊗壹拾贰万柒仟贰佰元整				（小写）¥127 200.00		
销售方	名　称：光明市人民医院 纳税人识别号：91310020124806007E 地 址、电 话：光明市平安路285号 66024820 开户行及账号：建行光明市支行 460078926			备注	光明市人民医院 91310020124806007E 发票专用章		

收款人：吴定伟　　复核：　　开票人：张国华　　销售方（章）

第二联 发票联 购买方记账凭证

业务 43-3-3

ICBC 中国工商银行 转账支票存根

支票号码 18203136

附加信息

出票日期：2×18年12月25日

收 款 人：	光明市人民医院
金　额：	127 200.00
用　途：	支付职工体检费

单位主管：李永春　　会计：高桂格

业务 44-3-1

光明市永春机械公司 报账（付款）审批单

部门：供销科

2×18年12月25日

经手人	鲍巩英	事　由	支付产品销售运费
项目名称	金额（元）	付款（结算）方式	备注
销售费用	164 670.00	转账支票	集中结算本月销售运费
合　计	164 670.00		
单位负责人审批	财务主管	部门领导	出纳员
同意。 李永春	同意。 钱一凡	同意。 卜发愁	张理财

附单据2张

业务 44-3-2

光明增值税专用发票

№ 15456869

3102184130

开票日期：2×18年12月25日

发票联（光明市 国家税务总局监制）

购买方	名　　称：光明市永春机械公司 纳税人识别号：91310040213456070M 地 址、电 话：光明市建设路68号98706543 开户行及账号：工商银行光明市支行230045006				密码区	（略）	
货物或应税劳务、服务名称	规格型号	单位	数　量	单　价	金　额	税率	税　额
运费		吨公里	187 125	0.80	149 700.00	10%	14 970.00
合　计					¥149 700.00		¥14 970.00
价税合计（大写）	⊗壹拾陆万肆仟陆佰柒拾元整					（小写）	¥164 670.00
销售方	名　　称：光明市顺风物流公司 纳税人识别号：91310206382224857A 地 址、电 话：光明市奉化街185号69024662 开户行及账号：工商银行奉化街办事处382200798				备注	光明市顺风物流公司 91310206382224857A 发票专用章	

收款人：赵广华　　复核：　　开票人：刘财富　　销售方（章）

第三联 发票联 购买方记账凭证

业务 44-3-3

ICBC 中国工商银行 转账支票存根

支票号码18203137

附加信息

出票日期：2×18年12月25日

收 款 人：	光明市顺风物流公司
金　　额：	164 670.00
用　　途：	支付产品销售运费

单位主管：李永春　　会计：高桂格

业务45

光明市永春机械公司 产品入库单

交库单位：生产车间　　2×18年12月25日　　仓库：成品库　编号：303

材料编号	规格	产品名称	计量单位	数量 送检	数量 实收	单位成本	总成本	备注
（略）	（略）	A产品	台	200	200			完工入库
		B产品	台	200	200			

二 财务联

车间主管：高安全　保管员：甄仔细　记账：高桂格　制单：严尧秋

业务46-3-1

光明市永春机械公司 报账（付款）审批单

部门：供销科　　2×18年12月27日

经手人	鲍巩英	事由	支付购进甲材料款
项目名称	金额（元）	付款（结算）方式	备注
材料采购	510 400.00	委托收款——付款通知	合同规定运费由对方负担，材料尚在运输途中
合　计	510 400.00		
单位负责人审批	财务主管	部门领导	出纳员
同意。李永春	同意。钱一凡	同意。卜发愁	张理财

附单据2张

业务46-3-2

广东增值税专用发票

5102184130　　发票联　　№ 15756800

开票日期：2×18年12月25日

购买方	名称：光明市永春机械公司 纳税人识别号：91310040213456070M 地址、电话：光明市建设路68号 98706543 开户行及账号：工商银行光明市支行 230045006			密码区	（略）		
货物或应税劳务、服务名称	规格型号	单位	数量	单价	金额	税率	税额
甲材料		千克	4 400	100.00	440 000.00	16%	70 400.00
合　计					¥440 000.00		¥70 400.00
价税合计（大写）	⊗伍拾壹万零肆佰元整				（小写）¥510 400.00		
销售方	名称：广州市望海机械公司 纳税人识别号：91510035918338380A 地址、电话：广州市迎泽路567号 89514716 开户行及账号：建设银行迎泽路办事处 400058223			备注	广州市望海机械公司 91510035918338380A 发票专用章		

第三联 发票联 购买方记账凭证

收款人：李芳华　复核：张红霞　开票人：王天明　销售方（章）

业务46-3-3

ICBC 中国工商银行 托收凭证（付款通知） 5

委托日期 2×18年12月27日　　付款期限 2×18年12月27日

业务类型	委托收款（☑邮划、☐电划）　托收承付（☐邮划、☐电划）																		
付款人	全称	光明市永春机械公司			收款人	全称	广州市望海机械公司												
	账号	230045006				账号	400058223												
	地址	省光明市	开户行	工行光支		地址	广东省光明市	开户行	建行迎办										
金额	人民币（大写）	伍拾壹万零肆佰元整								千	百	十	万	千	百	十	元	角	分
											¥	5	1	0	4	0	0	0	0
款项内容	货款	托收凭据名称	增值税专用发票				附寄单证张数	2											
商品发运情况					合同名称号码														
备注： 复核　记账		付款人开户银行签章 2×18年12月27日			付款人注意： 1.根据支付结算办法，上列委托收款(托收承付)款项在付款期限内未提出拒付，即视为同意付款，以此代付款通知。 2.如需提出全部或部分拒付，应在规定期限内，将拒付理由书并附债务证明退交开户银行。														

此联为付款人开户银行给付款人的按期付款通知

（印章：中国工商银行光明市支行 2×18年12月27日 转讫）

业务47

ICBC 中国工商银行 现金支票存根

支票号码 18103121

附加信息

出票日期：2×18年12月27日

收款人：	光明市永春机械公司
金额：	5 000.00
用途：	备用

单位主管：李永春　　会计：高桂格

（印章：光明市永春……财务……）

业务48

中华人民共和国 印花税票销售凭证

(2×18) 光税印 30756441

填发日期：2×18年12月27日

购买单位	光明市永春机械公司		购买人	张理财	
购买印花税票					
面值种类	数量	金额	面值种类	数量	金额
壹角票			伍元票	7	35.00
贰角票			拾元票	1	10.00
伍角票			伍拾元票	1	50.00
壹元票	1	1.00	壹佰元票	1	100.00
贰元票	2	4.00	总计	13	200.00
金额合计	人民币（大写） 贰佰元整				
销售单位（盖章）		售票人（章） 刘波	备注		

第二联 购买单位记账凭证

（印章：光明市税务分局 票据专用章；现金付讫）

（印花税票应贴于账簿扉页的右上角并划斜线注销）

业务49

借　款　单

2×18年12月27日

借款单位：供销科		
借款理由：参加会议		
借款金额：人民币（大写）陆仟元整		¥6 000.00
本部门负责人意见：同意。卜发愁	借款人签字：鲍巩英	
会计主管审批：同意。钱一凡	付款方式：库存现金	出纳：张理财

现金付讫

业务50-3-1

光明市永春机械公司　报账（付款）审批单

部门：供销科

2×18年12月29日

经手人	鲍巩英	事　由	冲销预收账款销售
项目名称	金额（元）	付款（结算）方式	备注
产品销售	1 600 800.00	冲销预收账款	上月已预收1 600 800元，与实际结算金额相等，货物由对方自提
合　计	1 600 800.00		
单位负责人审批	财务主管	部门领导	出纳员
同意。李永春	同意。钱一凡	同意。卜发愁	

附单据1张

业务50-3-2

光明增值税专用发票

3102184130　　此联不作报销、扣税凭证使用　　№ 15452157

开票日期：2×18年12月29日

购买方	名　称：太原市通宝机械公司 纳税人识别号：91140320314954649A 地址、电话：太原市东方路72号 2867006 开户行及账号：建设银行太原市分行 980510104			密码区	（略）		
货物或应税劳务、服务名称	规格型号	单位	数量	单价	金额	税率	税额
A产品		台	150	6 000.00	900 000.00	16%	144 000.00
B产品		台	120	4 000.00	480 000.00	16%	76 800.00
合　计					¥1 380 000.00		¥220 800.00
价税合计（大写）	⊗壹佰陆拾万零捌佰元整				（小写）¥1 600 800.00		
销售方	名　称：光明市永春机械公司 纳税人识别号：91310040213456070M 地址、电话：光明市建设路68号 98706543 开户行及账号：工商银行光明市支行 230045006			备注	光明市永春机械公司 91310040213456070M 发票专用章		

第一联　记账联　销售方记账凭证

收款人：王进勇　　复核：　　开票人：刘富民　　销售方（章）

冲销预付账款

业务 50-3-3

光明市永春机械公司 产品出库单

购买方：光明市通宝机械公司　　2×18年12月29日　　仓库：成品库　编号：406

产品编号	规格	产品名称	计量单位	数量 应发	数量 实发	单位成本	金额	备注
（略）	（略）	A产品	台	150	150			货物由对方自提
		B产品	台	120	120			

二 财务联

供销主管：卞发愁　保管员：甄仔细　记账：高桂格　制单：严尧秋

业务 51

ICBC 中国工商银行 还款凭证

2×18年12月31日

银行打印	（略）				
付款人（还款人）	姓名	光明市永春机械公司	还款人	姓名	光明市永春机械公司
	还款账号	230045006		收款账号	
	开户行	工商银行光明市支行		开户行	
贷款账号			贷款种类		
合同编号			借据序号		
还款方式	按金额☑ 按期数☐		还款期数		
还款金额	人民币（大写）叁拾万元整		千百十万千百十元角分	¥30000000	
还款类型	提前还款☐ 归还逾期☐ 归还当期利息☐ 违约金☐				
其中：提前还款	一次性还清☐ 提前部分还款☐ 贷款转出结清☐ 归还当期本息☐				
提前还款后选择	还款期内仍继续扣款☐ 还款期内不再扣款☐ 缩短还款期☐				
备注：			客户签字：		

客户填写

中国工商银行光明市支行 2×18年12月31日 转讫

第二联 归还本金

业务 52

中国建设银行 电汇凭证 （收账通知） 4

☑普通　☐加急　委托日期2×18年12月31日

汇款人	全称	太原市通宝机械公司	收款人	全称	光明市永春机械公司
	账号	980510104		账号	230045006
	汇出行名称	建行太原市分行		汇入行名称	工行光支
金额	人民币（大写）	贰拾伍万元整	亿千百十万千百十元角分	¥25000000	
此汇款已收入收款人账户。			支付密码		
汇入行签章			附加信息及用途：预付购永春机械公司产品定金。		
			复核：　记账：　年　月　日		

中国工商银行光明市支行 2×18年12月31日 转讫

此联给收款人的收账通知

业务 53-3-1

光明市永春机械公司 报账（付款）审批单

部门：供销科　　　　2×18年12月31日

经手人	鲍巩英	事由	预付购货款
项目名称	金额（元）	付款（结算）方式	备注
预付账款	214 000.00	转账支票	预付武汉市远程机械公司购货款
合　计	214 000.00		
单位负责人审批	财务主管	部门领导	出纳员
同意。李永春	同意。钱一凡	同意。卜发愁	张理财

附单据 2 张

业务 53-3-2

ICBC 中国工商银行 电汇凭证 （回 单） 1

☐普通 ☑加急　　委托日期 2×18年12月31日　　第1号

汇款人			收款人		
汇款人	全　称	光明市永春机械公司	收款人	全　称	武汉市远程机械公司
	账　号	230045006		账　号	382246790
	汇出地点	省光明市/县		汇出地点	湖北省武汉市/县
	汇出行名称	工商银行光明市支行		汇入行名称	工商银行三环路办事处
金额	人民币（大写）	贰拾壹万肆仟元整		亿 千 百 十 万 千 百 十 元 角 分	¥ 2 1 4 0 0 0 0 0

汇出行签章　年 月 日	支付密码
	附加信息及用途：预付购货款。
	复核：　　记账：

中国工商银行光明市支行 2×18年12月31日 转讫

此联汇出行给汇款人的回单

业务 53-3-3

ICBC 中国工商银行邮、电手续费收费凭证（借方凭证） ①

委托日期：2×18年12月31日　　No.2673

缴款人名称	光明市永春机械公司	信（电）汇 1 笔　汇票　笔　其他　笔	
账　号	230045006	异托、委托　笔　支票　本　专用托收　笔	
邮费金额	电报费金额	手续费金额	合计金额	签　章

邮费 百	十	元	角	分	电报费 百	十	元	角	分	手续费 百	十	元	角	分	合计 千	百	十	元	角	分
										1	0	7	0	0	¥	1	0	7	0	0

合计金额　人民币（大写）：壹佰零柒元整

中国工商银行光明市支行 2×18年12月31日 转讫

复核：　　收款：王玉芳　　制单：

第五章　成本计算与期末会计事项的账务处理要求及对应的原始凭证

（1）**成本计算**，是指按成本计算对象分成本项目，进行生产费用的归集和分配，并在此基础上计算产品成本，包括：材料费用、工薪费用、水电费用、折旧费用和制造费用的归集与分配，以及将生产费用在完工产品和在产品之间进行分配，计算并结转完工产品成本。

（2）**期末会计事项**，是指按照应计制的要求，对有关收入和费用进行账项调整，包括：❶已销产品成本的计算与结转；❷有关税费的计算与结转；❸短期借款利息费用的计提与结转；❹无形资产摊销的计提与结转；❺为计算本年利润进行损益类账户的结转；❻所得税的年终汇算清缴与结转；❼利润分配的计算与结转；❽未分配利润的计算与结转。

（3）**成本计算与期末会计事项处理的要求**：包括：❶根据有关账簿记录填制原始凭证并编制记账凭证；❷根据审核无误的记账凭证登记有关明细账；❸编制第三张“科目汇总表”；❹根据第三张“科目汇总表”登记总分类账；❺对总账和明细账进行结账。

实操一　成本计算会计事项的自制原始凭证填制及业务提示

业务 54-2-1

原材料加权平均单位成本计算表

2×18年12月31日　　　　金额单位：元

材料名称	期初结存		本期收入		加权平均单位成本
	数量	金额	数量	金额	
甲材料					
乙材料					
丙材料					
合　计	—	809 000	—	2 575 000	—

会计主管：钱一凡　　　　制单：刘景明　　　　复核：高桂格

业务提示

业务 54-2-2

发料凭证汇总表

2×18年12月31日　　　　附件______张　金额单位：元

材料名称 / 用途	甲材料		乙材料		丙材料		金额合计
	数量	金额	数量	金额	数量	金额	
A产品生产领用							
B产品生产领用					—		
车间一般耗用			—				
销售部门领用	—		—				
合　计							2 824 500

会计主管：钱一凡　　　　制单：刘景明　　　　复核：高桂格

业务55-2-1

应付工资费用分配汇总表

2×18年12月31日　　单位：元

车间或部门		应付职工薪酬				合计
		基本工资	津贴	奖金	其他	
生产工人	A产品	230 000	150 000	24 000	15 000	450 000
	B产品	180 000	120 000	21 000	12 000	350 000
	小计	410 000	270 000	45 000	27 000	800 000
车间管理人员		30 000	10 000	5 000	3 000	50 000
专设销售机构人员		20 000	11 000	12 000	2 000	50 000
行政管理人员		64 000	17 000	5 000	5 000	100 000
合计		524 000	308 000	67 000	37 000	1 000 000

会计主管：钱一凡　　制单：刘景明　　复核：高桂格

业务55-2-2

职工福利费计提表

2×18年12月31日　　金额单位：元

车间或部门（人员类别）		工资总额	计提比例	计提金额
生产工人	A产品	450 000	14%	
	B产品	350 000	14%	
	小计	800 000	14%	
车间管理人员		50 000	14%	
专设销售机构人员		50 000	14%	
行政管理人员		100 000	14%	
合计		1 000 000		140 000

会计主管：钱一凡　　制单：刘景明　　复核：高桂格

业务56

水电费用计算分配表

2×18年12月31日　　金额单位：元

项目 部门	水费分配			电费分配			总计
	耗用量（m^3）	单价	金额	耗用量（度）	单价	金额	
生产车间	2 000	5.00	10 000	200 000	0.80	160 000	170 000
行政管理部门	2 100	5.00	10 500	100 000	0.80	80 000	90 500
合计	4 100		20 500	300 000		240 000	260 500

会计主管：钱一凡　　制单：刘景明　　复核：高桂格

业务57

固定资产折旧计算汇总表

2×18年12月31日

金额单位：元

使用部门	固定资产类别	月初固定资产原值	月折旧率	月折旧额
生产车间	房屋及建筑物	5 000 000	0.4%	
	机器设备	23 000 000	0.8%	
	小计	28 000 000		
专设销售机构	房屋及建筑物	2 000 000	0.2%	
	管理用设备	1 000 000	0.6%	
	小计	3 000 000		
行政管理部门	房屋及建筑物	15 000 000	0.2%	
	管理用设备	3 000 000	0.6%	
	小计	18 000 000		
合　计		49 000 000		262 000

会计主管：钱一凡　　制单：刘景明　　复核：高桂格

业务58

制造费用分配表

2×18年12月31日

金额单位：元

车间或产品	分配标准（生产工人工资）	分配率	分配金额
A产品	450 000		
B产品	350 000		
合　计	800 000	—	

会计主管：钱一凡　　制单：刘景明　　复核：高桂格

业务59-2-1

月末在产品定额成本资料表

金额单位：元

在产品名称	计量单位	数量	直接材料		直接人工		制造费用		定额成本合计
			成本定额	定额成本	成本定额	定额成本	成本定额	定额成本	
A产品	台	20	1 200	24 000	300	6 000	250	5 000	35 000
B产品	台	88	500	44 000	250	22 000	150	13 200	79 200
合　计				68 000		28 000		18 200	114 200

业务 59-2-2

产品成本计算表

2×18年12月31日

附件＿＿张
金额单位：元

产品名称 / 成本项目	A产品（＿＿台）		B产品（＿＿台）	
	总成本	单位成本	总成本	单位成本
直接材料				
直接人工				
制造费用				
生产成本合计	2 256 000		1 630 000	

会计主管：钱一凡　　制单：刘景明　　复核：高桂格

实操二　期末会计事项的自制原始凭证填制及业务提示

业务 60

主营业务成本计算表

2×18年12月31日

附件＿＿张
金额单位：元

材料名称	期初结存		本期收入		加权平均单位成本	本期销售	
	数量	金额	数量	金额		数量	金额
A产品							
B产品							
合计	—	1 442 000	—	3 886 000	—		

会计主管：钱一凡　　制单：刘景明　　复核：高桂格

业务 61

应纳增值税及转出未交增值税计算表

2×18年12月31日

单位：元

项目	当期销项税额	当期进项税额	当期应纳增值税税额	已交增值税	转出未交增值税
	①	②	③=②-①	④	⑤=③-④
金额					

会计主管：钱一凡　　制单：刘景明　　复核：高桂格

业务 62-2-1

应纳城建税及教育费附加计算表

2×18年12月31日　　　　金额单位：元

项　　目	计税依据	税（费）率	应纳税（费）额
城建税		7%	
教育费附加		3%	
合　　计			

会计主管：钱一凡　　　制单：刘景明　　　复核：高桂格

业务 62-2-2

房产税从价计征并按季缴纳计算表

2×18年12月31日　　　　金额单位：元

年初房产原始价值	22 000 000	计税余值计算	22 000 000×（1−30%）=15 400 000（元）
扣除比例	30%	年应纳税额计算	15 400 000×1.2%=184 800（元）
税　　率	1.2%	本季度应纳税额	184 800÷4=46 200（元）
纳税期限与缴纳方式	房产税实行“按年计算、分期缴纳”的征收方式，按季并在季末月份实际缴纳		

会计主管：钱一凡　　　制单：刘景明　　　复核：高桂格

业务 63

银行借款利息计提表

2×18年12月31日　　　　单位：元

借款名称	借款金额	计息月份	借款月利率	借款利息
短期借款——工行光支	3 900 000	12月	7‰	27 300
利　息　合　计				27 300

会计主管：钱一凡　　　制单：刘景明　　　复核：高桂格

业务 64

无形资产摊销计提表

2×18年12月31日　　　　金额单位：元

名称	入账时间	原值	摊销年限	已摊销月数	本月应摊销金额	备注
专利技术	2×14.12.31	900 000	10	48		自用
管理软件	2×18.12.03	180 000	10	0		自用
合　计						

会计主管：钱一凡　　　制单：刘景明　　　复核：高桂格

业务65

结转本年利润前本月损益类账户发生额汇总表

2×18年12月31日　　单位：元

收入类账户		结转前贷方发生额	费用类账户		结转前借方发生额
主营业务收入	A产品		主营业务成本	A产品	
	B产品			B产品	
营业外收入			税金及附加		
			销售费用		
			管理费用		
			财务费用		
			营业外支出		
合　计		9 155 597	合　计		5 295 597

会计主管：钱一凡　　制单：严尧秋　　复核：高桂格

业务66-2-1

损益类账户1—11月份累计发生额汇总表

账户名称	1—11月份累计发生额	借或贷	账户名称	1—11月份累计发生额	借或贷
主营业务收入	44 320 000	贷	销售费用	5 195 400	借
营业外收入	380 000	贷	管理费用	5 871 600	借
主营业务成本	21 466 000	借	财务费用	219 900	借
税金及附加	424 000	借	营业外支出	2 143 100	借
所得税费用	2 345 000	借			

会计主管：钱一凡　　制单：严尧秋　　复核：高桂格

业务66-2-2

企业所得税分期（按季或按月）预缴纳税申报表（简易）

税款所属期间：2×18年12月1日至12月31日　　金额单位：元

项　　目	本期金额	累计金额	项　　目	本期金额	累计金额
营业收入			应纳所得税税额		
营业成本			实际已预缴所得税税额	—	
利润总额			本月实际应交所得税税额		—
税率	25%	25%	本年累计净利润		

会计主管：钱一凡　　制单：严尧秋　　复核：高桂格

注：上表的“营业收入”和“营业成本”项目仅填企业发生的主营业务和其他业务，与利润总额计算无关。

业务67

可供分配利润的计算及利润分配表

2×18年度

单位：元

项目	金额	项目	金额
一、本年度净利润		减：实际分配利润	
减：本年度应提取法定盈余公积		其中：港城投资公司（40%）	
二、扣除盈余公积后的本年净利润		海虹机械公司（40%）	
加：年初未分配利润	590 000	虹桥房产集团（20%）	
三、本年度可供分配的净利润		四、本年度累计未分配利润	2 127 000

会计主管：钱一凡　　制单：严尧秋　　复核：高桂格

注：经公司董事会讨论决定，本年度实际分配利润740万元。

业务68

净利润和已分配利润结转及未分配利润计算表

2×18年度

单位：元

结转情况 / 账户名称	结转前余额		实际结转		结转后余额	
	借方	贷方	借方	贷方	借方	贷方
本年利润	—			—	无	无
利润分配——提取法定盈余公积		—	—		无	无
利润分配——应付股利		—	—		无	无
利润分配——未分配利润	—				—	2 127 000

会计主管：钱一凡　　制单：刘景明　　复核：高桂格

第六章　编制会计报表

编制会计报表，是指根据试算平衡表结合账簿记录编制会计报表。包括：❶编制“总分类账户发生额及余额试算平衡表”；❷编制“资产负债表”；❸编制年度“利润表”。

编制会计报表的要求包括：❶根据总分类账簿记录编制“总分类账户发生额及余额试算平衡表”；❷根据“总分类账户发生额及余额试算平衡表”的“期末余额”栏数字，参考有关明细账编制“资产负债表”；❸根据“总分类账户发生额及余额试算平衡表”的“本月发生额”栏数字和“损益类账户1—11月份累计发生额汇总表”，编制12月份的“利润表”。

实操一　编制总分类账户发生额及余额试算平衡表

业务提示

业务69

总分类账户发生额及余额试算平衡表

2×18年12月

单位：元

行次	会计科目	月初余额		本月发生额		期末余额	
		借方	贷方	借方	贷方	借方	贷方
1	库存现金	2 000					
2	银行存款	9 797 400					
3	应收票据	2 640 000					
4	应收账款	2 848 500					
5	预付账款	923 000					
6	其他应收款	5 500					
7	在途物资	88 000					
8	原材料	809 000					
9	库存商品	1 442 000					
10	固定资产	49 000 000					
11	累计折旧		8 571 503				
12	在建工程	300 000					
13	无形资产	900 000					
14	累计摊销		360 000				
15	生产成本	183 700					
16	制造费用						

续表

行次	会计科目	月初余额		本月发生额		期末余额	
		借　方	贷　方	借　方	贷　方	借　方	贷　方
17	短期借款		3 500 000				
18	应付票据		640 000				
19	应付账款		224 597				
20	预收账款		1 530 800				
21	应交税费		760 000				
22	应付职工薪酬		967 200				
23	应付利息		45 200				
24	应付股利						
25	其他应付款		600				
26	实收资本		42 000 000				
27	资本公积		511 600				
28	盈余公积		2 202 600				
29	利润分配		590 000				
30	本年利润		7 035 000				
31	主营业务收入						
32	营业外收入						
33	营业外支出						
34	主营业务成本						
35	税金及附加						
36	销售费用						
37	管理费用						
38	财务费用						
39	所得税费用						
	合　计	68 939 100	68 939 100	83 580 628	83 580 628	71 728 043	71 728 043

实操二 编制资产负债表

业务70

资产负债表

编制单位：（盖章）

2×18年12月31日

会企01表

单位：元

财会〔2018〕15号文

资　产	期末余额	年初余额	负债和所有者权益	期末余额	年初余额
流动资产：		（略）	流动负债：		（略）
货币资金			短期借款		
以公允价值计量且其变动计入当期损益的金融资产			以公允价值计量且其变动计入当期损益的金融资产		
衍生金融资产			衍生金融负债		
应收票据及应收账款			应付票据及应付账款		
预付款项			预收款项		
其他应收款			应付职工薪酬		
存货			应交税费		
持有待售资产			其他应付款		
其他流动资产			持有待售负债		
一年内到期的非流动资产			一年内到期的非流动负债		
流动资产合计			其他流动负债		
非流动资产：			流动负债合计		
可供出售金融资产			非流动负债：		
持有至到期投资			长期借款		
长期应收款			应付债券		
长期股权投资			长期应付款		
投资性房地产			递延所得税负债		
固定资产			负债合计		
在建工程			所有者权益：		
无形资产			实收资本		
开发支出			其他权益工具		
商誉			资本公积		
长期待摊费用			其他综合收益		
递延所得税资产			盈余公积		
其他非流动资产			未分配利润		
非流动资产合计			所有者权益合计		
资产总计	62 621 540		负债和有者权益总计	62 621 540	

实操三 编制利润表

业务71

利 润 表

会企02表

编制单位：（盖章）　　2×18年12月　　单位：元

项 目	本期金额	本年累计金额
一、营业收入		
减：营业成本		
税金及附加		
销售费用		
管理费用		
研发费用		
财务费用		
其中：利息费用		
利息收入		
资产减值损失		
加：其他收益		
投资收益（损失以“－”号填列）		
其中：对联营企业和合营企业的投资收益		
公允价值变动收益（损失以“－”号填列）		
资产处置收益（损失以“－”号填列）		
二、营业利润（亏损以“－”号填列）		
加：营业外收入		
减：营业外支出		
三、利润总额（亏损总额以“－”号填列）		
减：所得税费用		
四、净利润（净亏损以“－”号填列）		
（一）持续经营净利润（净亏损以“－”号填列）		
（二）终止经营净利润（净亏损以“－”号填列）		
五、其他综合收益的税后净额		
（一）以后不能重分类进损益的其他综合收益		
（二）以后将重分类进损益的其他综合收益		
六、综合收益总额		
七、每股收益		
（一）基本每股收益		
（二）稀释每股收益		

注：《企业会计准则第16号——政府补助》第16条规定：企业应当在利润表中的“营业利润”项目之上单独列报“其他收益”项目，计入其他收益的政府补助在该项目中反映。

业务提示

准则16号

郑重声明

反盗版举报电话： 0411－84710523
反盗版举报传真： 0411－84710731
反盗版举报邮箱： dufep@dufe.edu.cn
通信地址： 大连市沙河口区尖山街217号东北财经大学出版社
邮政编码： 116025

教学资源与样书申请单

尊敬的老师：

您好！

感谢您使用 李占国 主编的《基础会计学综合模拟实验（精编版）》（第三版）。为便于教学，本书配有详细参考答案，包括记账凭证、日记账、明细账、总账、科目汇总表、资产负债表与利润表的填制答案。如贵校已使用了本教材，您只要将下表中的相关信息以电子邮件或填写后发图片等方式发至我社，或登录网站www.dufep.cn根据提示填写相关信息，经我社确认后，即可免费获得我们提供的参考答案及其他相关教学资源。

我们的联系方式：

联系人：包利华　　E-mail：dufep6@163.com

电　话：0411-84711800　　Q　Q：184510119

地　址：辽宁大连市沙河口区尖山街217号东北财经大学出版社

姓　名		性　别		出生年月	
学　校		学院、系		专　业	
学校地址				邮　编	
职　务		职　称		办公电话	
E-mail		QQ		手　机	
通信地址				邮　编	
本书使用情况	用于______学时教学，每学年使用______册。				

您对本书的使用意见和建议：

您还希望从我社获得哪些教材或资源：

需要的教材信息：

书名	书号	作者	定价

需要的资源信息：

附　录　空白传票销号单和记账凭证装订包角

表 1

收款凭证编号及其销号单

凭证号	1	2	3	4	5	6	7	8	9	10	11	12
业务号												

表 2

付款凭证编号及其销号单

凭证号	1	2	3	4	5	6	7	8	9	10	11	12
业务号												
凭证号	13	14	15	16	17	18	19	20	21	22	23	24
业务号												
凭证号	25	26	27	28	29	30	31	32	33	34	35	36
业务号												

表 3

转账凭证编号及其销号单

凭证号	1	2	3	4	5	6	7	8	9	10	11	12
业务号												
凭证号	13	14	15	16	17	18	19	20	21	22	23	24
业务号												
凭证号	25	26	27	28	29	30	31	32	33	34	35	36
业务号												